Cyhoeddwyd yn 2017 gan
Wasg Gomer, Llandysul, Ceredigion SA44 4JL
www.gomer.co.uk

ISBN 978-1-78562-213-7

Cyhoeddir gyda chymorth ariannol Cyngor Llyfrau Cymru.

Argraffwyd a rhwymwyd yng Nghymru gan
Wasg Gomer, Llandysul, Ceredigion.

Brên Babi

MARI LOVGREEN

darluniau
BETHAN MAI

Gomer

Rhagair

Ers geni 'mhlentyn cyntaf ym mis Tachwedd 2014, dwi wedi bod eisiau creu cyfrol yn rhannu profiadau a theimladau mamau newydd eraill. Dwi am wneud un peth yn glir cyn cychwyn: bod yn fam ydi'r peth gorau sydd erioed wedi digwydd i fi. Er hyn, roedd yna gyfnodau yn y flwyddyn gyntaf lle ro'n i'n teimlo i'r gwrthwyneb. Mae dod yn fam am y tro cyntaf wedi chwarae hafoc efo fy emosiynau – y da, y drwg, y doniol, yr anhygoel, a llwyth o bethau bach sy'n gallu fy ngyrru i fyny'r wal. Yr hyn dwi'n gobeithio y gwneith y llyfr yma ei ddangos i famau newydd ydi ei bod hi'n iawn i deimlo'r holl emosiynau yma; ac er bod y profiad yn un gwahanol i bob un ohonon ni, mae yna gymaint o dir cyffredin hefyd. Er, does dim pwrpas cymharu ein hunain ag eraill chwaith. Does yna ddim ffordd gywir nac anghywir o wneud pethau – mae'n bwysig gwneud yr hyn sy'n teimlo'n iawn i ni a'n teulu bach newydd.

Dwi'n credu'n gryf mewn rhannu profiadau'n onest ac yn agored. Profiadau a theimladau go iawn fy ffrindiau a fi sydd yn y llyfr yma ac nid barn neu brofiadau bydwragedd neu ddoctoriaid. Dwi'n gobeithio na fydd y profiadau yma'n codi ofn ar unrhyw ddarpar fam. Nid dyna'r bwriad. Mae 'na swigod o fewn y gyfrol yn rhannu ein hoff bethau am fod yn fam, a 'post-its' yn rhannu profiadau sydd wedi achosi 'chydig o boen tin i ni. Yn aml, dwi'n teimlo bod mamau'n meddwl bod rhannu problem, neu ddangos eu bod nhw'n gweld rhywbeth yn anodd, yn arwydd eu bod yn methu. Nonsens! Rydan ni'n newydd i'r job – ac mae hi'n job a hanner. Dwi hefyd wedi sylwi ein bod ni genod yn dueddol o fod yn control ffrîcs ac yn rhai drwg am roi pwysau arnon ni'n hunain i gyflawni bob dim, a hynny i safon uchel. Rydan ni'n gallu bod mor galed arnon ni'n hunain. Nath o wneud i fi deimlo'n drist fod pob un fam wnes i ei holi yn teimlo'n euog am rywbeth. Mae euogrwydd yn gymaint o wastraff egni prin. Dwi eisiau i bob mam sy'n darllen y llyfr yma weiddi 'FFOC OFF EUOGRWYDD' ddeg gwaith cyn mynd i gysgu a deg gwaith ar ôl deffro bob dydd nes bydd y teimlad wedi mynd! Mae poeni gormod a gorfeddwl yn gallu sugno'r holl hwyl o fod yn fam. Ac mae 'na lot o hwyl i'w gael!

Does dim enwau yn y gyfrol er mwyn gwarchod preifatrwydd y plant a'u teuluoedd. Dwi hefyd yn awyddus i nodi fan hyn fod pawb gyfrannodd i'r gyfrol yn cydnabod ein bod ni famau newydd yn gallu bod yn afresymol a chroendenau iawn ar adegau. Yn amlwg, rydan ni'n gwerthfawrogi pob help. Does dim angen cymryd unrhyw sylwadau'n bersonol – ein blinder ni sydd i'w feio'n fwy na dim.

Dwi wedi mwynhau pob munud o'r gwaith ymchwil, ac wedi gweld yr holl broses yn eithaf therapiwtig. Dwi wrth fy modd efo'r syniad o chwaeroliaeth, a dyna dwi wedi'i deimlo wrth gasglu'r holl stwff 'ma. Rydan ni genod yn aelod o glwb arbennig (a 'chydig yn nyts), ac mae angen i ni sticio efo'n gilydd. Mae hefyd yn bwysig cofio fod bod yn 'hunanol' a rhoi'ch hunain gyntaf weithiau'n un o'r pethau lleiaf hunanol cllwch chi eu gwneud yn y pen draw. Rydan ni i gyd angen brêc, ac mae mam hapus yn aml iawn yn golygu babi hapus. Byddwch yn ffeind efo chi'ch hun.

Wrth ddarllen am deimladau a phrofiadau gonest mamau eraill, gobeithio gewch chi gysur o weld fod yna gymaint ohonon ni yn yr un cwch, yn gwneud ein gorau glas i beidio boddi! Mae gallu chwerthin am y pethau drwg yn help. A gwin. Lot o win.

Mwynhewch y busnesu!

Mari
x

Cynnwys

trio am fabi

D o'n i 'rioed 'di dychmygu bysa trio am fabi yn gymaint o ffaff. Ddes i oddi ar y *pill* yn syth ar ôl priodi, yn disgwyl y byswn i'n feichiog o fewn chwe mis. Aeth 'na flwyddyn heibio cyn i fi edrych i mewn i'r peth. Ar ôl ymchwilio dipyn, 'nes i ddallt ei bod hi 'mond yn bosib beichiogi o fewn amser penodol – rhyw bedwar diwrnod o bob mis. 'Y ffenest' 'nes i a 'ngŵr ddechra galw'r dyddia yma – secsi ta be?! Ar ben hyn, ro'n i'n piso ar ben *ovulation sticks* i neud yn siŵr fod y secs ddim yn wastraff amser. Rhamantus. Roedd 'na gyfnodau pan o'n i'n gweddïo 'mod i ddim yn ofiwletio achos do'n i wir ddim yn y mŵd. Dwi'n cofio ffrind yn deud wrtha i – stwffia'r ffyn, jyst gwna'n siŵr eich bod chi'n cysgu efo'ch gilydd bob yn ail ddiwrnod. Ym, dim diolch.

Ro'n i ofn trio am fabi, ac o edrych 'nôl, dwi ddim yn siŵr o'n i gant y cant yn barod i fod yn fam. Wedi deud hyn, dwi'm yn meddwl fyswn i byth 'di teimlo'n barod. Ro'n i'n mwynhau rhyddid bywyd yn ofnadwy, a dal ddim yn teimlo 'mod i 'di tyfu fyny ddigon i gael plentyn – roedd edrych ar ôl fy hun yn ddigon! Ond ro'n i hefyd yn gwybod gymaint ro'n i eisiau plant, ac mai cael fy nheulu hapus fy hun oedd fy uchelgais fwyaf mewn bywyd.

· · ✦ ✴ ✩ ✴ ✦ · ·

Ytro cyntaf i fi feichiogi, 'nes i golli'r babi. 'Nes i ddim ffeindio allan tan y sgan deuddeg wythnos. O'n i mor *devastated*. O'n i'n methu gweld neb oedd yn disgwyl babi, nac eisiau gweld teulu na ffrindiau. Ro'n i'n ddifrifol o isel am fisoedd a deud y gwir. Dwi'n cofio derbyn neges Facebook gan ffrindiau ar ôl eu llongyfarch nhw ar enedigaeth eu merch yn deud, 'Chdi fydd nesa!' Neges mor ddiniwed, ond 'mond newydd golli'r babi o'n i. 'Nes i orfod bod yn onest efo'r ffrind a gadael iddi wybod be oedd wedi digwydd. Mae 'na ormod o bobl yn gneud y math yma o sylwadau heb feddwl be 'di sefyllfa'r person.

'Nes i ddechrau teimlo ychydig yn well ar ôl i'r *due date* basio, a phenderfynu trio eto. Gymerodd hi ryw bedwar mis o drio cyn llwyddo. Dwi'n teimlo fod y ffyn yma'n rhoi pwysau arnach chi, a neud chi'n *tense*. 'Nes i golli 'mynedd efo nhw'n diwedd, a dyna pryd 'nes i feichiogi – ar fy ngwyliau, wedi ymlacio. Roedd fy chwaer wastad yn deud pa mor bwysig oedd ymlacio, ond mae'n gymaint haws deud na gneud, dydi! Unwaith ro'n i'n feichiog eto, 'nes i deimlo'r tristwch yn codi. Fyswn i 'di licio bod yn fwy parod i golli'r babi. Ddes i i ddallt fod pump o'r deg merch sydd yn fy nghriw ffrindiau agos wedi colli babi ar ryw bwynt hefyd, felly mae o mor gyffredin.

· · ✦ ✦ ☆ ✦ ✦ · ·

'Nes i bob dim *by the book* – pi-pi ar y ffyn a chymryd tabledi arbennig ar gyfer merched sy'n trio beichiogi. Ro'n i'n ofnadwy o lwcus – nath o ddigwydd yn syth bìn. Dwi hyd yn oed yn gwybod pa noson nath arwain at y babi!

· · ✦ ✦ ☆ ✦ ✦ · ·

Nath hi gymryd naw mis i ni, oedd yn teimlo fel amser hir iawn, yn enwedig gan 'mod i ddim yn amyneddgar … O GWBWL. Ro'n i'n disgwyl iddo fo ddigwydd yn syth gan fod y ddau ohonan ni'n iach a reit ifanc – do'n i ddim wedi rhagweld y bysa 'na broblem. Erbyn y trydydd mis dwi'n cofio meddwl, reit, mae'n rhaid i ni edrych fewn i hyn. 'Nes i brynu'r *ovulation sticks*, ond nath hyn 'mond ychwanegu at bwysa'r sefyllfa, yn enwedig i'r gŵr. Aeth 'na dri mis arall heibio a dim byd yn digwydd. Oedd fy ngŵr yn casáu'r holl beth – y syniad o jyst cael secs achos fod raid i ni yn hytrach na'n bod ni eisiau gneud. Dwi'n cofio deud wrtho fo: 'Paid â poeni am fy mhleser i o gwbwl, jyst gna be ti'n gorfod neud.' Oedd 'na gymaint o bwysau; fyswn i'n cyfri'r dyddiau ar ôl i'r ffenest feichiogi gau, yn aros am yr amser i neud prawf i weld o'n i'n disgwyl.

Cwpwl o weithia, oedd raid i ni stopio yng nghanol secs gan fod y pwysau'n ormod a'r gŵr methu perfformio, oedd ddim yn deimlad neis. Druan, roedd o'n gweithio oriau mor hir ar y pryd, dwi'n siŵr mai'r peth olaf oedd o am ei glywed wrth gyrraedd adra oedd, 'Dwi'n ofiwletio!'

Aeth cwpwl o fisoedd arall heibio, ac roedd hi'n amser i ni symud tŷ. Roedd o'n gyfnod mor brysur 'nes i ddeud y bysan ni'n anghofio am y busnes babi dros gyfnod y symud, a bingo! Dyna pryd 'nes i feichiogi. Yn amlwg, roedd y pwysau a'r stres wedi bod yn gweithio yn ein herbyn ni.

· · ✳ ✳ ☆ ✳ ✳ · ·

Es i mas a dod adre'n *tipsy* a wedyn, pan o'n ni'n cael secs, gofynnodd y gŵr o'n i am iddo fe nôl condom, a wedes i na, *bugger it*, nawn ni jyst trial, ife? A wedyn meddwl ryw fis wedyn, *hold on*, ble mae'r *period*? 'Nes i'r prawf a dwi'n cofio bod mewn sioc a meddwl, *shit*! Fi'n disgwl! O'n i'n teimlo fel *teenager* llwyr yn gwneud y test, ac odd raid fi dawelu'n hunan a meddwl, o ie, wy'n ddigon hen i hyn nawr, fydd Mam a Dad ddim yn grac. I fi, doedd 'na byth amser iawn am fod, sai'n credu. Alla i ddim dychmygu gweld y lein 'na ar y prawf a peidio ffrîco mas am y peth.

· · ✳ ✳ ☆ ✳ ✳ · ·

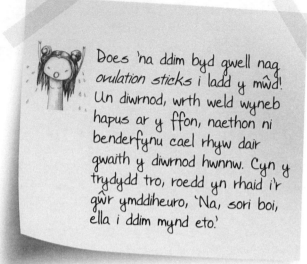

Does 'na ddim byd gwell nag *ovulation sticks* i ladd y mŵd! Un diwrnod, wrth weld wyneb hapus ar y ffon, naethon ni benderfynu cael rhyw dair gwaith y diwrnod hwnnw. Cyn y trydydd tro, roedd yn rhaid i'r gŵr ymddiheuro, 'Na, sori boi, ella i ddim mynd eto.'

D o'n i ddim wedi meddwl y byswn i'n beichiogi, rhaid i fi ddweud. Ro'n i wedi cael sawl *close shave* dros y blynyddoedd ond heb gael fy hun yn feichiog. Yn sydyn, ro'n i'n feichiog a hynny heb feddwl erioed y byswn i. Er 'mod i'n briod, roedd fy myd i wedi'i sigo'n llwyr ac ro'n i'n methu peidio teimlo fod yr holl beth yn *disaster*! Er na fyswn i wedi ystyried erthyliad, i fi ar yr adeg honno roedd bod yn feichiog yn hollol RONG. Do'n i ddim yn barod i fod yn fam; fydden i byth, am wn i. Roedd popeth am fod yn feichiog yn negyddol gan ei fod yn beth mor enfawr a thu hwnt i 'neall i bryd hynny. Roedd e'n *mind-fuck* llwyr.

Dwi'n argyhoeddedig bod babi'n cymryd naw mis i gyrraedd yn rhannol er mwyn i'r darpar famau ddod i arfer â'r syniad o ddod yn fam. Ond yn raddol, yr hyn 'nes i sylweddoli oedd y byddai pob dim yn iawn yn y diwedd, roedd yn rhaid iddo fod. Yn araf, des i i dderbyn y ffaith 'mod i'n feichiog a bod hynny'n hollol ocê. Roedd y daith o'r pwynt o ddarganfod 'mod i wedi cael fy hun yp ddy dyff ac yna ymlaen at y broses o dyfu (yn llythrennol a ffigurol) gyda'r beichiogrwydd yn un bwysig iawn – yn un hollol ffurfiannol, sydd wedi fy ngwneud i'n pwy ydw i heddiw. Ar ôl y trawma cynta o sylweddoli 'mod i'n feichiog, roedd ceisio dod i delerau â'r cyfan yn fy mhen yn gymaint rhan o'r broses â'r un o greu babi yn gorfforol y tu mewn i fi.

· · ✴ ✦ ☆ ✦ ✴ · ·

G es i anhawster go iawn. Ar ôl chwe mis o drio heb lwyddo, es i at y doctor rhag ofn fod yna rywbeth yn bod. Nath y sgan ddangos bod gen i *polycystic ovary syndrome* (PCOS), ac o achos y systiau, fysa hi'n amhosib i fi feichiogi heb help meddygol. Ro'n i'n teimlo mor unig wrth feddwl mai fi oedd yr unig un yn y sefyllfa yma. Roedd y rhan fwya o fy ffrindia agosa'n disgwyl, ac wedi beichiogi'n syth, oedd jyst yn gneud i fi deimlo'n waeth. Doedd petha fel Facebook ddim yn helpu o gwbwl – odd o'n teimlo fatha fod pawb arall yn cael babis mor hawdd.

Ges i driniaeth i roi tyllau yn yr ofaris i neud lle i wy ddod allan, ond nath o ddim gweithio, ac yn cyfamser, naethon nhw weld bod un tiwb wedi ei flocio. Ges i dabledi yn y diwedd i orfodi *ovulation*. Maen nhw'n rhoi chwe mis i chi feichiogi ar y tabledi yma, ac IVF ydi'r cam nesa.

Y misoedd cyntaf yna o drio ar y tabledi ydi'r tristaf dwi 'di bod erioed, achos dwi'n cofio meddwl, dydi hyn jyst ddim am ddigwydd. Drwy ryw wyrth, nath o weithio. Nath o gymryd pedwar mis – a'r tro cyntaf 'nes i ofiwletio, 'nes i feichiogi. Ro'n i newydd gael llythyr gan yr ysbyty yn Lerpwl yn cadarnhau 'mod i ar y rhestr IVF, felly dwi'n meddwl bod 'na ran ohona i wedi derbyn 'mod i ddim am feichiogi efo help y tabledi, ac ro'n i'n paratoi fy hun at y cam nesa. Dwi'n gwybod bod 'na gyflwr meddygol arna i, ond dwi wir yn credu bod y ffaith i fi beidio poeni gymaint am feichiogi ar y tabledi – a rhoi *give up* 'chydig bach os dwi'n onest – wedi'n helpu i i feichiogi yn y pen draw.

Dydi'r elfen o banig ddim yn eich helpu i ymlacio – ac mae pobl yn gallu bod mor ddifeddwl yn sôn am feichiogrwydd fel fysan nhw'n trafod y tywydd. Yr holl 'Chi fydd nesa' 'ma – ro'n i'n gweld hynny mor *intrusive*. O'r eiliad 'dach chi'n priodi, mae'r cwestiynau'n cychwyn. Dwi'n cofio beichio crio yn teimlo bod pawb yn edrych arna i ac yn disgwyl clywed newyddion. Y peth gorau ddigwyddodd i fi oedd dechrau swydd newydd, gan fod pobl wedi dechrau meddwl, o, neith hi'm trio am fabi rŵan, dydi'r amseru ddim yn iawn. Maen nhw wedi dechrau'n barod ar 'Pryd fydd y babi nesaf yn dod?', a dwi'n gallu teimlo'r straen yn dechrau tyfu eto – sydd ddim yn iach o gwbwl. Dydi o ddim yn fusnes i neb arall, felly ddyla neb fusnesu!

· · ✤ ✦ ☆ ✦ ✤ · ·

Dwi'n berson *career-driven* iawn, a dwi 'rioed 'di teimlo fawr o awydd mamol. Dwi'm yn gallu dychmygu teimlo'n *broody*. Er hyn, ro'n i'n gwybod 'mod i eisiau plant ryw ddydd, felly yn lle eistedd o gwmpas yn gobeithio deffro un diwrnod yn teimlo'n famol, 'nes i benderfyniad efo fy mhen yn hytrach na 'nghalon i ddechrau trio am fabi. O fewn mis, ro'n i'n feichiog. O'n i'n methu credu'r peth – 'nes i bedwar prawf i gyd! Do'n i rili ddim yn disgwyl i bethau ddigwydd mor sydyn – o'n i'n cachu fy hun.

· · ✤ ✦ ☆ ✦ ✤ · ·

'Nes i benderfynu dod oddi ar y *pill* er bod fy mhartner ddim isio trio am fabi. Oedd o'n gwybod 'mod i 'di stopio cymryd y tabledi, a dwi'n cofio un noson naethon ni ddechra mynd yn *jiggy* a nath o ddim estyn am gondom. *Actions speak louder than words* maen nhw'n ei ddeud, ia?! Roeddan ni'n rhy fabïaidd i drafod y peth yn iawn, ond 'nes i gymryd hyn fel arwydd ei fod o'n barod i drio. Ddim fo oedd yr unig un oedd yn ansicr, chwaith – do'n i'm yn siŵr o'n i'n barod os dwi'n onest. 'Nes i ddim defnyddio'r ffyn, ond 'nes i ymchwil fel 'mod i'n gwybod beth oedd yr arwyddion 'mod i'n ofiwletio, fel cael *discharge* mwy gwyn a stici nag arfer. Afiach, ond ffordd dda o wybod. Ro'n i'n disgwyl yn sydyn iawn, a 'nes i deimlo'n wahanol yn syth. Ma hyn yn ofnadwy i'w gyfadda, ond dwi'n cofio meddwl y dylwn i neud prawf, ond oedd genna i *hen do*, felly 'nes i benderfynu peidio tan yr wythnos wedyn er mwyn i fi allu yfed dros y penwythnos. Ro'n i'n ofnadwy o nyrfys. Dychryn wedyn yn gweld y canlyniad a mynd â'r ffon at fy nghariad – sioc anferth i ni'n dau, a phrofiad hollol swreal.

O'n i'n reit cîn a dwi'n cofio meddwl, os 'dan ni'n trio, 'dan ni'n trio'n iawn. 'Nes i hyd yn oed brynu tabledi *his and hers* i bŵstio sbyrm, a fitaminau ychwanegol a ballu. Pan naethon ni ddim beichiogi o fewn y mis cynta, 'nes i brynu'r *ovulation sticks* hefyd. Nath rheina'r tric. 'Nes i wirioni'n syth bìn a cychwyn gneud cynllunia ac edrych 'mlaen yn ofnadwy. Yn anffodus 'nes i ddechra gwaedu ar ôl ryw wyth wythnos a phenderfynu mynd i'r ysbyty jyst i fod yn saff. Cael sgan wedyn a gweld fod yna ddim curiad calon. Do'n i ddim 'di disgwyl hynny o gwbwl, ac ro'n i wedi cynhyrfu i gael sgan er mwyn gweld y babi am y tro cynta. Naethon nhw dorri'r newyddion yn syth a 'nes i dorri 'nghalon. Dwi'n cofio'r doctor yn trio gneud i fi deimlo'n well drwy rannu 'stadega am pa mor gyffredin oedd colli babi ar y pwynt yma, ond doedd o'n ddim cysur i fi. O'n i jyst methu coelio fod hyn wedi digwydd i ni.

Ges i ddewis un ai cael tablet, ac wedyn aros i'r babi ddod allan; aros iddo fo basio'n gwbwl naturiol, fysa'n gallu cymryd wythnosau; neu gael llawdriniaeth i sugno pob dim allan. Doedd 'na'r un o'r rhain yn swnio fel rhywbeth fyswn i isio'i neud. Penderfynu mynd am y driniaeth naethon ni, a nyrs yn holi oedden ni'n hollol siŵr – roth fymryn o obaith i ni y bysa sgan arall mewn wythnos yn gallu dangos curiad calon. Nath hyn chwarae efo'n hemosiynau ni'n ofnadwy, a 'nes i ei chael hi'n amhosib derbyn y driniaeth os oedd 'na fymryn o siawns fod y babi'n dal yn fyw. 'Nes i dreulio wythnos adref cyn yr ail sgan yn mynd o 'ngho yn gafael yn dynn yn y gobaith yna. 'Nes i hefyd godi fy ngobeithion, oedd yn wirion, achos yr un oedd canlyniad yr ail sgan. Dwi'n difaru'n enaid 'mod i 'di rhoi fy hun drwy'r artaith o'r wythnos ychwanegol heb gael y driniaeth y tro cyntaf.

Roedd o'n gyfnod anodd achos do'n i heb ddeud wrth neb 'mod i'n feichiog. 'Nes i ddeud wrth Mam ac wrth fy nghyflogwr be oedd wedi digwydd ac roedd pawb yn gefnogol, er, dwi'n cofio rhywun yn deud wrtha i, 'Dydan ni ddim yn medru cael plant chwaith.' Er ei fod o'm yn trio fy ypsetio i, do'n i wir ddim angen clywed hynny.

Roedd rhaid i ni aros dau fis cyn dechrau trio eto, ac ro'n i'n methu aros i feichiogi er mwyn rhoi'r holl brofiad tu ôl i ni. 'Nes i feichiogi'n sydyn eto ond ro'n i ar binnau am y deuddeg wythnos gyntaf. Odd fy ngŵr isio'n lapio i mewn gwlân cotwm, dwi'n meddwl, a hyd yn oed yn gwrthod gadael i fi neud paned!

· · ✿ ✤ ☆ ✤ ✿ · ·

Gymrodd e amser hir i ni feichiogi – tair blynedd a hanner i gyd. Does neb yn siŵr iawn pam, mae e jyst yn un o'r pethe 'na. Weithie, fel 'na mae hi. Roedd fy ngŵr yn credu y bydde fe'n digwydd yn syth, ond roedd gen i deimlad na fydde fe, ac o'n i'n iawn. Aeth yr holl hwyl mas o drial am fabi, a'r holl beth yn teimlo fel *military operation*. Roedd cymaint o bwyse ar y ddau ohonon ni ond 'na fe, fe lwyddon ni yn y pen draw.

· · ✿ ✤ ☆ ✤ ✿ · ·

'Na i byth anghofio'r wefr ges i o weld canlyniad y prawf beichiogrwydd! Hapusrwydd llwyr! Ro'n i'n *buzzing* yn y toilet ar ben fy hun, bron â *byrstio* isio rhannu'r newyddion.

Ti'n cymryd yn ganiataol ei fod e jyst am ddigwydd pan ti'n dechre trial, ond ddim fel 'ny oedd hi i ni. 'Nes i ddechre panico wedi chwe mis o gael rhyw cyson, heb ddefnyddio'r *ovulation sticks*, a meddwl, ma rhywbeth o'i le fan hyn. 'Nes i ffeindio mas bod 'da fi *polycystic ovaries*, oedd yn golygu bod y cyfnod pan on i'n ffrwythlon yn llai nag arfer, hyd yn oed – rhyw ddau ddiwrnod y mis, felly roedd y ddau ddiwrnod 'na'n ddigon *hardcore* ac *intense* wedyn! Ddim y peth mwya rhamantus rili, teimlo gorfodaeth i gael rhyw tua thair gwaith y diwrnod. Roedd fy ngŵr yn teimlo dan lot o bwysau, dwi'n cofio. Doedd e ddim yn gyfnod neis iawn. Roedd e'n teimlo fel mwy o rwtîn na dim byd. Unweth, roedd e'n torri'r gwair, ac o'n i'n meddwl 'mod i'n ofiwletio, felly 'nes i sgrechen arno fe drwy'r ffenest – 'Let's go!' *Crazy times*, o edrych 'nôl.

Dwi'n cofio ffeindio mas jyst drwy wneud prawf, oedd yn gyment rhan o'n rwtîn ni, a 'nes i orfodi fy ngŵr i brynu rhyw ugain prawf achos o'n i jyst ffaelu credu'r peth. Anhygoel o deimlad, *I couldn't piss enough!*

· · ⋆ ✳ ☆ ✳ ⋆ · ·

Y ⑩ peth gwaetha am drio am fabi

① Gorfod cael rhyw efo'ch partner am 3.37 ar bnawn dydd Mawrth achos bod y ffon yn dangos wyneb hapus.

② Meddwl am ffordd neis o ddweud wrth eich partner am ddod mor gyflym â fedrith o achos eich bod chi ddim yn y mŵd.

③ Cael rhyw llwyth o weithiau bedwar diwrnod yn olynol = *cystitis* a 'chydig o *thrush*.

④ Pobl yn dweud pethau fel: "Di hi ddim yn hen bryd i chi ddechra meddwl am blant?' neu 'Chi fydd nesa'. FFOC OFF, dwi'n trio – yn GALED.

⑤ Gorfod newid dillad y gwely yn amlach.

⑥ Gwario ffortiwn ar brofion beichiogrwydd.

⑦ Cael pwl o adrenalin a *palpitations* bob tro rydach chi'n gwneud prawf – ai hon fydd y foment neith eich bywyd newid am byth?

⑧ Cael pi-pi dros eich dwylo yn aml wrth drio piso dros amrywiol ffyn.

⑨ Newid trefniadau munud ola gan fod RHAID i chi gael rhyw yr EILIAD honno.

⑩ Smalio mwynhau secs i'r pwynt lle 'dach chi'n haeddu Oscar.

y beichiogrwydd

Mae'n gyfnod cyffrous i ddechrau, ond yn boen ar ôl dipyn. Yn enwedig pan 'dach chi'n mynd i'r *steakhouse* 'dach chi 'di bod awydd mynd iddo ers misoedd, 'mond i sylweddoli bod rhaid i chi fynd am yr opsiwn *well done*. Dim caws, dim wy 'di potsio, dim pate (dwi'm hyd yn oed yn licio pate, ond o'n i isio ei fwyta fo rŵan gan 'mod i'm i fod i neud). Mwya ro'n i'n tyfu, lleia'n byd o'n i'n mwynhau bod yn feichiog. Ro'n i'n casáu methu cysgu ar fy mol na 'nghefn. Er, ro'n i'n un o'r genod smyg, afiach 'na oedd yn mwynhau rwbio'r bymp!

· · ✦ ✦ ☆ ✦ ✦ · ·

Roedd mynd am y sgan cynta'n hollol ofnadwy am mai dyma pryd naethon ni ddarganfod fod 'na'm curiad calon yno pan o'n i'n feichiog am y tro cynta. 'Nes i allu ymlacio rhywfaint ar ôl gweld fod bob dim i'w weld yn iawn y tro hwn. Ro'n i'n sâl bob bore a nos yn y tri mis cynta, ond roedd o'n gysur i fi fod y symptomau mor gryf.

Ro'n i'n mesur yn fach fwy nag unwaith, felly ro'n i'n gorfod mynd am *growth scans* ychwanegol, ond do'n i'm yn poeni gormod achos dwi'n fach beth bynnag, felly mae'n gneud synnwyr bod y babi am fod yn fach. Dwi'm yn siŵr pa mor gywir ydi'r dull o fesur y bol efo'r tâp mesur chwaith – nath 'na ddwy fydwraig gael mesuriadau hollol wahanol o fewn yr un wythnos!

'Nes i allu gweithio tan bum diwrnod cyn y *due date* achos do'n i'm yn teimlo'n rhy ddrwg o gwbwl, ac ro'n i'n mwynhau bod yn feichiog. O'n i'n hollol bôrd ar ôl gorffen gweithio, felly dwi'n falch 'mod i 'di gweithio reit tan y diwedd.

Es i'n nyts braidd rownd amser y *due date* yn mynd am dro hir, bwyta pinafal a chyrris poeth, yfed llwyth o *raspberry leaf tea* – bob dim oedd i fod i helpu'r babi ddod yn gynt, heblaw cael secs ... 'nes i dynnu'r llinell fanna. Odd y syniad yn mynd drwydda i os ydw i'n onest.

Dwi'n cofio'r gŵr yn poeni y bysa fo'n brifo'r babi a fi'n meddwl, paid â meddwl gymaint o dy hun, mêt!

· · ✤ ✦ ✩ ✦ ✤ · ·

O'n i'n casáu cael y bol mawr – ond roedd pobl a'u sylwadau'n gneud y sefyllfa'n waeth! Dwi'n cofio rhywun yn gofyn, 'Disgwyl w't ti, ta jyst tew?' Hefyd, es i i ryw ŵyl fwyd a phrynu pei, a dyma'r dyn oedd yn gwerthu'r peis yn edrych arna i a deud, 'Oh! You've eaten all the pies already!' O'n i'n casáu petha fel 'na, ac unrhyw fath o sylw'n cael ei roi i'r bol. Jyst cyn y *due date* o'n i'n prynu cardiau mewn siop, a dyma'r ddynes tu ôl i'r til yn deud yn ddigon diniwed, 'Dim lot i fynd rŵan', a 'nes i stormio allan yn flin yn meddwl, *Cheeks*! Ro'n i mor sensitif a *self-conscious* am y peth. Dwi'm yn licio bod yn ganolbwynt y sylw, ac roedd bod yn disgwyl yn teimlo fatha diwrnod dy briodas di bob dydd (ddim mewn ffordd dda).

· · ✤ ✦ ✩ ✦ ✤ · ·

Y tri mis cynta oedd y rhai anoddaf i fi. Ro'n i'n casau trio cuddio'r peth. Y pwynt isa oedd gwagio cans o lager pan o'n i ar hen do a'u llenwi nhw efo dŵr. Gymaint o hwyl!

Ych, beichiogrwydd! Yr unig ran o'r beichiogrwydd 'nes i fwynhau oedd yr oriau cyntaf o gynnwrf a dathlu ar ôl cymryd y prawf. I ddechrau, 'nes i orfod colli parti Dolig gwaith ro'n i 'di edrych 'mlaen yn wirion ato fo achos bod gen i *cystitis* afiach. Wedyn es i'n sâl a ges i boen cefn ofnadwy. Ar ben hyn i gyd ges i SPD (*symphysis pubis dysfunction*), sef poenau yn y pelfis a'r *pubic bone.*

Gan 'mod i'n symud o Gaerdydd i'r gogledd roedd 'na dipyn o bwysau ychwanegol, oedd ddim yn helpu petha chwaith. Heblaw am y wyrth fod y babi bach 'ma'n tyfu tu mewn i chi (fydd yn rhoi'r profiadau mwyaf anhygoel i chi mewn naw mis, ond fedrwch chi'm deall hyn ar y pryd), does 'na'm byd i'w fwynhau am fod yn feichiog. Ocê, ella fod gweld y babi'n symud yn *weird* a neis, ond mae'r holl bwysau o orfod deud bod yr holl beth yn 'anhygoel' yn dipyn o niwsans. Yndw, dwi'n ofnadwy o lwcus a diolchgar, ond ma genna i *varicose veins* yn ffani fi rŵan! Sut yn union mae hynna'n rwbath i'w ddathlu?!

·· ✦ ✦ ✰ ✦ ✦ ··

'Nes i fwynhau'r tri mis cyntaf a'r syniad 'mod i a'r gŵr yn rhannu cyfrinach mor arbennig. Ond, fel merch gymdeithasol sy'n mwynhau ei gwin, roedd hi'n anodd iawn cuddio'r ffaith 'mod i'n feichiog, felly dyma benderfynu deud wrth ein rhieni a'n brodyr a'n chwiorydd yn gynt na fysen ni 'di licio.

'Nes i ymdrech fawr i gadw'n iach. Dwi'n meddwl ella mai dyma pam ges i feichiogrwydd cymharol rwydd. Cyn i fi fod yn feichiog, o'n i'n meddwl bod merched yn euog o or-ddeud wrth sôn am y blinder. Ond ges i'n synnu'n gynnar iawn 'mod i'n teimlo mor flinedig o hyd. Mae o jyst yn gneud i ti sylweddoli pa mor galed mae dy gorff di'n gweithio o'r dechre un. Ro'n i 'di chwyddo'n ofnadwy erbyn y diwedd – y traed yn enwedig, roedden nhw'n anferth! Roedd y gwyneb reit *bloated* hefyd, er, 'nes i'm sylweddoli gymaint ar y pryd gan ei fod wedi digwydd mor raddol.

'Nes i wir fwynhau'r naw mis, i'r graddau 'mod i'n gweld isio'r bwmp ar ôl i'r babi gyrraedd. Hyd yn oed rŵan, a'r babi bron yn chwe mis, dwi'n dal i weld isio bod yn feichiog. Er, ro'n i'n teimlo fod bod yn feichiog am y tro cyntaf ychydig yn *indulgent*. Ro'n i'n teimlo'n euog am hyn – falle am fod nifer o fy ffrindiau'n brysur efo plant bach yn barod.

· · ✢ ✤ ☆ ✤ ✢ · ·

Ges i rywbeth o'r enw *cholestasis* o wythnos tri deg dau y beichiogrwydd ymlaen. Cyflwr ar yr iau ydi o, sy'n achosi i'r croen gosi'n ofnadwy. Doedd dim ffordd o gael ei wared nac o leihau'r cosi – roedd o'n hunllef. Ar ben y niwsans o deimlo fel hyn, roedd rhaid i fi fynd yn wythnosol i fonitro'r babi hefyd achos roedd y risg y byddai'r babi'n cael ei eni'n farw wedi codi'n sylweddol o fod efo'r cyflwr yma.

Fysa fo ar ei waetha o hanner nos ymlaen – o'n i jyst methu cysgu. Ro'n i hefyd yn gweithio oriau hir mewn swydd *stressful*, ac o edrych 'nôl dwi ddim yn gwybod sut 'nes i o. Roedd y diffyg cwsg yn gneud i fi deimlo 'mod i'n colli 'meddwl, yn enwedig yn y tair wythnos olaf. Yr unig beth oedd yn helpu rhywfaint oedd cael bath neu gawod – doedd hynny ddim yn beth delfrydol i'w neud yn oriau mân y bore. Roedd yn gyfnod anodd iawn, iawn.

· · ✢ ✤ ☆ ✤ ✢ · ·

O'n i jyst yn teimlo fatha diflannu a chuddio. Does 'na ddim llun ohona i'n disgwyl. Dim un! Hefyd dwi'n cofio bod yn chwilboeth o hyd er 'mod i'n disgwyl drwy'r gaeaf. Oedd o'n afiach. Yr *air-con* ymlaen *full blast* yn y car, oedd yn troi'i gŵr yn biws, ond ro'n i'n dal i chwysu fatha ffŵl.

Gan 'mod i'n berson reit oeraidd, roedd o'n mwynhau tynnu arna i efo'r frawddeg, 'Dyna sut mae'n teimlo i gael calon yn pwmpio tu mewn i ti'!

· · ✤ ✤ ☆ ✤ ✤ · ·

'Nes i'm taflu i fyny unwaith yn y tri mis cynta, ond ro'n i'n teimlo'n sâl o hyd. Fatha hangofyr afiach cyfoglyd am y tri mis cyfan. 'Nes i ddim mwynhau'r dŵr poeth ar y diwedd chwaith – fatha llyncu tân efo 'chydig o asid ar 'i ben o. Nath yr wyneb, y dwylo a'r traed chwyddo tua'r diwedd hefyd, oedd yn gneud i fi edrych fatha Princess Fiona o *Shrek*.

Odd o mor od teimlo rhywbeth yn symud tu mewn i fi, fatha bod 'na *alien* bach yn trio dod allan. Mae'r syniad bod 'na fabi yn gallu tyfu tu mewn i fi'n dal i chwalu fy meddwl i – mae'r peth yn hollol nyts! 'Nes i fwynhau cael pobl yn gneud ffỳs ohonaf i. Mae pawb yn neis efo chi os 'dach chi'n disgwyl babi.

Ro'n i'n byw mewn legins ac Uggs erbyn y diwedd, a dwi'n difaru hyn rŵan achos nath o fi'n ddiog braidd. Fedra i'm edrych ar bâr o legins rŵan heb gael 'chydig o sic yn 'y ngheg. Dwi'm yn meddwl ddylsa'r ffaith eich bod chi'n feichiog neud i chi wisgo'n wahanol – mae'n dal yn bwysig teimlo fel chi'ch hun.

· · ✤ ✤ ☆ ✤ ✤ · ·

Ges i drafferth ymlacio a mwynhau'r beichiogrwydd. Er hyn, ro'n i wrth fy modd efo'r bymp ac yn gwirioni wrth deimlo'r babi'n tyfu a chicio tu mewn i fi. Un peth oedd yn fy ngwylltio i oedd pobl yn teimlo fod ganddyn nhw'r hawl i gyffwrdd y bol. Dwi'n cofio un ddynes yn rhoi ei llaw mor isel roedd hi bron yn cyffwrdd fy nghrotsh! Trio gweld os mai cario merch neu fachgen o'n i, *apparently* ...

· · ✤ ✤ ☆ ✤ ✤ · ·

Roedd y tri mis cynta'n afiach, ro'n i'n teimlo mor uffernol o sâl. Dwi'n cofio meddwl, os fysa 'na rywbeth yn mynd o'i le rŵan, fyswn i'n fwy *gutted* 'mod i'n gorfod mynd drwy dri mis arall fel hyn na fyswn i o golli'r babi. Pan nath y cyfnod cynta 'na basio, o'n i'n hollol iawn.

Roedd hi'n bwysig i fi gadw'n heini. Ro'n i 'di gneud pwynt o ddod yn ffit flwyddyn neu ddwy cyn 'mod i'n disgwyl, achos do'n i ddim isio i bobl fy meirniadu i am ymarfer corff tra o'n i'n feichiog. O'n i isio i bobl weld mai dyna oedd yn normal i fi, a'i bod hi'n iachach i fi gario 'mlaen i neud beth oedd fy nghorff wedi arfer efo fo. Dwi'n meddwl fod hyn 'di helpu i gadw bob dim *in check* yn ystod y beichiogrwydd, ac o'n i'n dal i deimlo fel fy hun drwy gydol y naw mis, oedd yn bwysig i fi. 'Nes i'm prynu dillad *maternity*, roeddan nhw'n gneud i fi deimlo'n hen. Nath bod yn ffit helpu efo'r enedigaeth hefyd.

· · ✻ ✳ ☆ ✳ ✻ · ·

Dwi deffinet ddim yn *poster girl* i feichiogrwydd. Ma rhai menywod yn lyfo fe, a sai'n deall 'ny. Ti ddim yn cael yfed, ti ddim yn cael bwyta pethe ti'n hoffi, mae e'n boenus ac yn anghyfforddus. Es i ar un *hen do* tra o'n i'n disgwyl. *Not fun.* A'r Nadolig. Awtsh. O'n i'n ofnadw o dost yn ystod y tri mis cynta. Fi fel arfer yn bwyta siocled bob dydd, ond odd e 'di cyrraedd y pwynt lle roedd hyd yn oed clywed y gair 'siocled' yn gwneud i fi fod yn sic.

· · ✻ ✳ ☆ ✳ ✻ · ·

Roedd gen i deimladau cymysg am fod yn feichiog. Roedd 'na lawer o *highs* ond llawer o *lows* hefyd. Ymhlith yr uchafbwyntiau roedd cael rhannu'r newyddion da hefo teulu a ffrindiau; gweld y babi ar sgans 2D a 3D; teimlo'r babi yn cicio a symud; dilyn datblygiad y babi ar Ap yn wythnosol; fy ecsema'n clirio am naw mis; a phobl yn codi i roi sêt i fi ar yr Underground yn Llundain! Rhai o'r petha gwaetha am y naw mis oedd teimlo'n boeth o hyd; llyncu Gaviscon fesul galwyn; methu cysgu wrth i'r misoedd fynd yn eu blaen (dwi'n cofio'r gŵr yn cwyno bob nos bod y *pregnancy pillow* yn cymryd drosodd ei ochr o o'r gwely – aberth a hanner iddo fo, bechod); byw heb gaws; gwario ffortiwn ar grîm *stretch marks*; ac emosiynau yn bob man – ro'n i'n crio yn uffernol wrth wylio adfyrts hyd yn oed!

Ro'n i'n ofnadwy o cîn yn mynd i'r gwersi *aquanatal* a'r sesiynau hyfforddi rhieni newydd yn rheolaidd. Wrth edrych yn ôl ar y cyfnod rŵan, dwi'n chwerthin am y ffaith 'mod i wedi treulio oriau yn creu cynllun geni manwl a chrand ar y cyfrifiadur gan ddefnyddio ffonts a lliwiau gwahanol. Aeth hwnna drwy'r ffenest yn y diwedd, yn anffodus.

O'n i'n lico'r ffaith fod wastod rhywbeth i siarad amdano fe. Roedd y ffaith 'mod i'n disgwyl yn destun trafodaeth masif ac o'n i'n eitha enjoio'r ffỳs. Odd mamau eraill ffaelu helpu rhoi cyngor i ti, oedd yn lyfli – roedd e 'bach fel bod mewn rhyw glwb ecsgliwsif.

Yffordd 'nes i ddechrau ama 'mod i'n disgwyl oedd fod fy *nipples* yn brifo – roedd hi'n teimlo fel fod 'na friwiau drostyn nhw, ac roedd hyd yn oed gwisgo dillad yn brifo. Ro'n i'n methu aros i neud y prawf, felly 'nes i stopio mewn garej ar y ffordd i'r gwaith. 'Nes i ffonio fewn yn sâl a brysio adra i rannu'r newyddion efo'r gŵr, sy'n ffarmwr (oedd raid i fi chwilio amdano fo am dipyn). Ei ymateb o o 'ngweld i oedd meddwl 'mod i 'di gneud rhywbeth i'r car. Ei eiriau o oedd, 'Be ti 'di neud rŵan?!', a fi'n ateb, 'Be *ti* 'di neud ti'n feddwl', wrth ddangos y prawf positif iddo fo.

· · ⁎ ⁎ ☆ ⁎ ⁎ · ·

O'n i ddim yn meindio bod yn feichiog; es i ddim yn sâl a ges i ddim *issues* rili, ond odd e'n *annoying* bo' fi ffaelu neud pethe. Fi'n casáu merched sy'n dweud, 'O, o'n i'n lyfo fe gymaint', a fi'n meddwl, rili?! Odd dim bywyd gyda ti o'r bla'n?! O'n i ffaelu stopio bwyta tanjerîns ac yfed llaeth. Gallen i fwyta chwe tanjerîn y dydd, oedd e'n sili. *Heartburn* oedd y peth gwaethaf ges i, bydde fe'n dihuno fi'n y nos erbyn y diwedd. Horibl.

· · ⁎ ⁎ ☆ ⁎ ⁎ · ·

Ges i feichiogrwydd afiach rili. Yn y dechre, ro'n i'n dioddef y darnau annifyr sy'n hollol gyffredin i lawer o ferched, ond yn yr ail drimester, ath pethe'n waeth. Mae gen i gyflwr *rheumatoid* (cryd cymalau) ac yn wahanol i wyth allan o ddeg o ferched sy'n gwella o'r cyflwr yn ystod beichiogrwydd, gwaethygu 'nes i. Roedd fy lefelau hormon yn ofnadwy o isel, doedd fy thyroid ddim yn gweithio fel y dylai ac ro'n i hefyd yn eithaf *anaemic*. Ro'n i'n bell o fod yn *blooming*! A dweud y gwir, ro'n i'n welw iawn a'n llygaid i 'di suddo'n ddwfn i 'mhen ac ro'n i'n colli pwysau. Ond doedd popeth ddim yn ddu i gyd – roedd cics y babi yn fy llanw â rhyfeddod bob tro. Ro'n i'n caru'r teimlad 'na gymaint, alla i jyst ddim ei roi e mewn geiriau. Ro'n i hefyd yn joio gweld fy mola'n tyfu a dechre teimlo fel mam. Mam welw a gwan, falle, ond mam yr un fath. Daeth y beichiogrwydd i ben yn sydyn a 'nes i eni'r babi un deg saith wythnos yn gynnar. Ry'n ni'n dal i deimlo fod y ffaith ei bod hi'n fyw heddiw yn ddim llai na gwyrth.

O'n i rili ddim moyn bod y fenyw feichiog *annoying* sy'n cwyno o hyd ac yn actio'n dost – 'W, well i fi fynd gatre nawr achos fi'n disgwyl.' Pan *actually*, mae bywyd yn haws pan ti'n disgwyl tro cynta nag i famau sy mas a gyda plant bach neu fabis gatre. Dim salwch yw bod yn feichiog, ti'n ei wneud e gan bod ti moyn cael babi.

10 peth i beidio â'u dweud wrth ddynes feichiog

1. Ti 'di cael *stretch marks*?

2. Wyt ti'n disgwyl efeilliaid? Ti'n hiwj!

3. Ti'n edrych yn anhygoel. Ti'n cario'n dwt — *cyffwrdd y bol.*

4. Oeddach chi'n trio am fabi?

5. Ti'n poeni am y geni?

6. Ti am fwydo dy hun?

7. Wwww, aros di — ti am gael sioc! Newid byd! Gei di byth gysgu eto … hahahaha!

8. Pryd ti am fynd 'nôl i'r gwaith?

9. Beth ydi dy drefniadau gwarchod di pan fyddi di'n mynd 'nôl i weithio?

10. Faint o bwysau ti 'di rhoi 'mlaen rŵan?

nythu

Ro'n i yn y broses o symud tŷ ac yn byw adref efo Mam a Dad erbyn y diwedd. Gan fod gen i ddim tŷ i nythu, 'nes i benderfynu glanhau'r peth tebycaf i dŷ oedd genna i, sef fy nghar, yn drylwyr, ddiwrnod cyn i fi gael fy indiwsio mewn ymgais hollol desbret i gael pethau i symud. Doedd 'na ddim greddf yndda i i llnau, ond o'n i'n meddwl ella, yn seicolegol, y bysa glanhau yn gneud i'r babi ddod. Gwirion!

· · ✦ ✸ ✩ ✸ ✦ · ·

'Nes i neud *chutney* am y tro cyntaf erioed adeg y Nadolig, sy *mooor* groes i'r graen i 'nghymeriad i. O'n i hefyd moyn neud cwcis a stwff er 'mod i 'rioed wedi pobi cynt (a dwi heb neud ers i'r babi gael ei eni chwaith).

· · ✦ ✸ ✩ ✸ ✦ · ·

Es i'n boncyrs efo'r nythu. 'Nes i golli'r plot. Yn y pythefnos ola, ro'n i'n methu jyst gorweddian yn gneud dim byd. 'Nes i benderfynu sortio marciau oedd ar ambell wal yn y tŷ drwy beintio drostyn nhw, ond 'nes i brynu paent *silk* yn lle *matt*, felly 'nes i fwy o lanast nag oedd yna'n wreiddiol. Roedd genna i gymaint o egni, a rhestr o bethau ro'n i'n benderfynol o'u cyflawni. Dwi'n cofio ffrîcio allan fod y popty ddim digon glân a ffonio Mam i ddod draw i helpu i'w llnau o. 'Nes i symud y ffrij i sgwrio'r llawr yn iawn ... O'n i'n licio'r teimlad fod pob twll a chornel yn *spotless*. Pwy sy'n sortio dan gwely'n y llofft sbâr pan maen nhw bythefnos *overdue*?!

· · ✳ ✱ ☆ ✱ ✳ · ·

Ges i DIY disasters – fel farneisio drws y stafell molchi, sydd hyd heddiw yn edrych fel tase 'na rywun 'di taflu fake tan drosto fo.

'Nes i brynu bob dim ro'n i ei angen ar gyfer y babi mewn un sbri siopa gwyllt. Roedd yr holl restrau o bob dim roedd yn *rhaid* i fi gael yn gneud i fi deimlo'n reit *stressed* a deud y gwir. Dwi'n difaru prynu nicyrs papur, a chobanau afiach mawr 'na i byth wisgo eto. Roedd yr holl syniad o nythu yn gneud i fi banicio. 'Wyt ti 'di gwagio a glanhau cypyrdda'r gegin eto?' Ym, naddo, fysa well genna i watsiad *Titanic* yn fy mhajamas efo bag mawr o Maltesers os ga i?

· · ✳ ✱ ☆ ✱ ✳ · ·

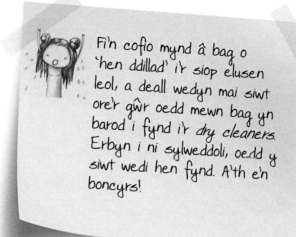

Fi'n cofio mynd â bag o 'hen ddillad' i'r siop elusen leol, a deall wedyn mai siwt ore'r gŵr oedd mewn bag yn barod i fynd i'r dry cleaners. Erbyn i ni sylweddoli, oedd y siwt wedi hen fynd. A'th e'n boncyrs!

Ges i'r ysfa fwya boncyrs ryw bythefnos cyn y geni i ddechra glanhau sgyrtins y tŷ. Dwi'm yn meddwl 'mod i 'rioed wedi sgwrio gymaint yn fy mywyd, oedd o fatha 'mod i'n *possessed*. Ro'n i hyd yn oed yn symud dodrefn mawr, trwm o'r ffordd i gyrraedd pob modfedd o'r blwmin sgyrtins. Nyts!

· · ✤ ✦ ☆ ✦ ✤ · ·

Es i 'bach yn *crazy* a darllen am y peth drwy'r amser. Odd 'da fi lyfr nodiadau A4 yn cynnwys llwyth o benawdau a tua saith llyfr ar y go yr un pryd, a bydden i'n cymryd y darnau gorau o'r gwahanol lyfrau a'u slotio nhw mewn i'r adrannau gwahanol. Fel tasen i'n gallu dweud wrth y babi, 'Dal 'mlaen am funed, na i jyst gal *look* dan y categori bwydo o'r fron i weld beth i wneud nesa.' O'n i'n sgwennu, sgwennu, sgwennu, a 'nes i ddim edrych arno fe unweth! Dwi'n cofio cymryd pob tip yn llythrennol, fel 'make loads of food to freeze' – fe 'nes i gyment o *lasagne* odd e'n jôc.

· · ✤ ✦ ☆ ✦ ✤ · ·

Y ⑩ peth mwya nyts i'w gwneud wrth nythu

① Aildrefnu stafelloedd gan symud dodrefn trwm heb help.

② Llyfu sgyrtins yn lân.

③ Gwagio cypyrddau'r gegin a chrio wrth ddarllen y *sell-by dates*.

④ Mynd yn *high* ar ffiwms ar ôl penderfynu bod holl ddrysau'r tŷ angen côt o baent.

⑤ Tynnu pob dim allan o'r ffrij a sgwrio'i thu mewn hi nes bod eich dwylo chi'n goch ac yn drewi o *bleach*.

⑥ Dringo i ben ysgol er mwyn cael gwared ar we pry cop oedd yna ers 2002.

⑦ Mynd â thri chwarter eich dillad i siop elusen mewn *clearout* ffrantig, wedyn difaru.

⑧ Hwfro tu ôl i'ch gwely a phasio allan ar ôl gweld faint o lwch oedd yna.

⑨ Symud y teledu er mwyn glanhau pob un cebl nes eu bod nhw'n disgleirio.

⑩ Polisho ... BOB DIM (hyd yn oed y gath).

y geni

Ro'n i'n benderfynol o eni mewn pwll. Dwi'n cofio dechra brefu ar un pwynt, ro'n i jyst methu rheoli'r peth. Mae'r gŵr yn dal i ddynwared hyd heddiw – y brefu gwallgo 'ma! Dwi'n cofio'r fydwraig yn dod â gwely at y pwll ac oedd raid i fi ddod allan. 'Nes i ddim sylweddoli faint roedd y pwll wedi helpu nes 'mod i allan ohono. Dyma pryd naethon nhw sylweddoli bod y babi *back to back*, ac roedd rhaid i fi gael epidiwral. Erbyn hyn, o'n i ar fy mhedwar, yn hollol noeth, yn gweiddi ar y doctor, 'Just put me down, I don't want to carry on.' Dwi'n ei gofio fo'n gorfod gafael yn fy ngwyneb i'n reit dynn a rhoi ordors i fi aros yn llonydd! I'r theatr wedyn iddyn nhw ddefnyddio *ventouse* i sugno'r babi allan, ac oedd 'na 'pop' mawr a lot o waed, a dyma pryd roedd y gŵr wir yn credu bod pen y babi 'di dod ffwrdd! Yn ffodus, doedd gen i ddim syniad beth oedd yn mynd 'mlaen erbyn hyn. Wedyn ddoth y *forceps* allan, a ddoth hi i'r golwg yn y diwedd.

· · ✢ ✤ ☆ ✤ ✢ · ·

Doedd 'na ddim patrwm pendant i'r *contractions* ond o'n i mewn poen ac ro'n i'n barod i fynd i'r ysbyty, felly 'nes i ddeud 'chydig o glwydda ar y ffôn a deud mai tri munud oedd rhyngthyn nhw. Dwi'n cofio teimlo'n nerfus yn cyrraedd yr ysbyty, achos ges i ddim un *contraction* ar y ffordd yno – *typical*. O'n i ofn cael fy hel adref. Ro'n i wedi deiletio dri centimedr; 'nes i ymlacio 'chydig ar ôl clywed hyn gan feddwl y byswn i'n gallu para 'chydig hirach, a wedyn cael epidiwral.

Pan aeth y boen yn waeth dwi'n cofio'r gŵr yn deud petha gwirion fatha, 'Jyst ymlacia a smalia bo' chdi ar lan y môr.' CAU DY GEG! Odd o hefyd yn trio mwytho 'ngwallt i a fi'n gweiddi arno fo i beidio 'nghyffwrdd i. Doedd y cradur methu gneud dim byd yn iawn, bechod.

Nath petha ddigwydd yn sydyn iawn wedyn, a ges i'm amser i gael epidiwral. Dwi'n cofio pwshio efo fy holl nerth, ond doedd y *contractions* ddim yn dod yn ddigon agos at ei gilydd. Odd y nyrsys yn siarad amdanaf i fatha 'mod i ddim yno, yn deud petha fel, 'Bechod, di hi'm yn cal chwara teg, nachdi?' Nath un ohonyn nhw droi ata i a deud, 'Does 'na'm angen gneud sŵn, sti', gan 'mod i'n brefu tra 'mod i'n pwshio, *cheeks*!

Mae'r gŵr 'di deud wrtha i ers hynny mai'r peth mwya swreal mae o 'rioed wedi'i weld ydi pen y babi'n dod allan fel ro'n i'n pwshio, a wedyn diflannu 'nôl i fyny! Erbyn hyn, roedd y boen fel llosg; roedd o'n llosgi'n ofnadwy ac roedd y rhyddhad pan ddoth y corff allan yn anferthol.

Roedd yr holl brofiad yn well nag o'n i wedi'i feddwl ac wedi digwydd dipyn yn gyflymach nag o'n i wedi'i ofni. Unwaith ges i'r babi yn fy mreichiau 'nes i ddechrau crio, ond eto ro'n i mor *drained* 'nes i gysgu am ryw ddwy awr yn syth ar ôl geni.

· · ✤ ✤ ✮ ✤ ✤ · ·

R o'n i 'di clywed dipyn yn sôn am y *show* ac ro'n i'n meddwl 'i fod o wedi digwydd ddwy waith, ond pan ddoth o o'r diwadd, odd o'n reit amlwg! Ych! Ddoth o i'r golwg am hanner nos nos Wener ac eto am ddeg o'r gloch y bore. Wedyn dechreuodd y *contractions*. Naethon nhw gyflymu'n reit sydyn ond do'n i ddim rhy siŵr pryd oedd yr amser iawn i fynd i'r ysbyty. 'Nes i siarad efo nyrs a doedd hi ddim yn meddwl bod angen i fi ddod fewn eto, felly 'nes i benderfynu rhedeg bath i fi fy hun, gan mai dyna oedd lot o fy ffrindia wedi'i neud ar y pwynt yma. Gwaethygu nath y boen yn y bath, felly allan â fi, ond ro'n i mewn gormod o boen i eistedd a dyma 'nghorff i'n penderfynu ei bod hi'n amser pwshio! Naethon ni ffonio'r fydwraig a galw ambiwlans, ac o fewn ugain munud iddyn nhw'n cyrraedd roedd y babi wedi'i eni ar lawr y gegin! Dwi'm yn cofio bod ofn – nath bob dim ddigwydd mor sydyn ges i'm cyfle i feddwl. Odd yr holl beth yn hollol swreal! Dwi'n cofio teimlo'n saff a hyderus, fatha 'mod i'n trystio 'nghorff i wybod be i neud. Roedd hi mor braf bod adra, efo Mam yn gneud brechdanau i bawb. 'Nes i ddim siarad llawer (sy'n od i fi), 'mond eistedd ar y soffa'n syllu ar y babi bach newydd mewn sioc.

'Nes i orfod cael naw pwyth i'r *second degree tears*, efo'r ddwy fydwraig yn dadlau dros bwy ddyla neud y gwaith gan fod y ddwy'n methu gweld yn dda iawn. Jyst beth o'n i isio'i glywed!

· · ✴ ✴ ☆ ✴ ✴ · ·

Fi'n cofio cyfri drwy'r *contractions* am ryw reswm – o'n i jyst ffaelu stopio cyfri. Es i am fâth wedyn, a fi'n credu bod fy nŵr i wedi torri, felly 'nes i ffonio'r fydwraig a nath hi weud wrtha i am beidio dod mewn eto, felly 'nes i eistedd yn y bath am gwpwl o orie. Odd y *contractions* mor agos at ei gilydd odd e'n teimlo fel tasen nhw'n digwydd drwy'r amser. O'n i ddim yn cael brêc. Dwi hefyd yn sicr os odd brêc o ryw ddeg eiliad, o'n i'n cwmpo i gysgu. Yn y diwedd, ffoniodd y gŵr y fydwraig eto achos o'n i ffaelu siarad.

Erbyn i fi fynd mewn, o'n i wedi deiletio bedwar centimedr a ddoth y babi chwe awr yn ddiweddarach. Doedd yna ddim bylchau rhwng y *contractions* o gwbwl, a 'nes i fethu siarad am chwe awr. Dim byd heblaw 'dŵr' weithiau. Odd e fel 'mod i mewn rhyw drans – yn hollol yn y *zone*, a ddim am ddod mas ohono fe nes o'n i wedi geni.

Fydden i'n bendant yn argymell geni mewn pwll – ti jyst yn teimlo'n ysgafn ac mae'n gwneud pethe'n rhwyddach. *Gas and air* oedd yr unig beth ges i; do'n i ddim isie'r ffaff o gael drygs, a hefyd do'n i ddim isie mynd i'r ward. O'n i moyn aros yn yr ystafell breifat! I fod yn onest, nath cymryd rhywbeth at y boen ddim croesi fy meddwl i chwaith. Ma fe'n fath o ethos yn ein teulu ni hefyd i jyst clatsio bant a'i wneud e.

Y peth gwaethaf am yr holl brofiad oedd gorfod dod mas o'r dŵr i ddechre pwshio, a disgwyl bydde'r babi'n dod yn weddol glou, ond gymerodd hi ddwy awr iddi ddod mas. Odd e'n teimlo fel amser mor hir.

Fi'n difaru peidio mynd 'nôl mewn i'r pwll ar y pwynt 'ma, ond o'n i'n meddwl ei fod e i gyd bron drosodd.

Fi'n cofio'r rhyddhad pan ddaeth y babi mas, a meddwl diolch byth bod hwnna drosto. Aethon nhw â'r babi'n syth, ac o'n i mor *high* ar *gas and air* 'nes i ddim cal y foment o deimlo rhyw gariad mawr na llefen mewn hapusrwydd – o'n i jyst yn starfo! Y peth cynta wedes i wrth y gŵr oedd, 'Alli di estyn y Pringles mas o'r bag?' Fi 'bach yn *gutted* na ches i ddim o'r 'foment hudol' o gael y babi yn gorwedd arna i ar ôl y geni, ond o'n i jyst moyn bwyd a wedyn cawod i lanhau. Fi'n cofio cael ofn wrth weld faint o waed oedd yn y gawod. Doth y foment sbesial yn nes ymlaen, ond yn bendant ddim yn syth ar ôl y geni. Mae'r realiti yn wahanol iawn i beth chi'n gweld mewn ffilmie – mae'n *messy* ac yn horibl! Ddim cariad oedd fy ngreddf gyntaf i ar ôl y geni ond 'Get me the fuck out of this mess!'

Fi'n meddwl bod y cariad yn tyfu wrth i'r babi dyfu a rhoi mwy yn ôl i chi, ac unweth mae 'na bersonoliaeth yn dechre ffurfio.

Pan ddaethon nhw 'nôl i stitsio fi lan, fi jyst yn cofio rhoi fy nghoesau lan, 'bach yn smyg, a dweud wrth y fydwraig, 'Ch'mod beth, allen i wneud 'na i gyd 'to, odd e'n *fine*!' Off fy mhen ar *gas and air*.

Odd yr holl brofiad yn well nag o'n i 'di ofni. Bendant.

· · ✳ ✳ ☆ ✳ ✳ · ·

Y r eiliad nath y busnes geni'r babi ddechrau nath y cosi oherwydd y *cholestasis* stopio, oedd yn gymaint o ryddhad. Ar ôl ei geni hi, oedd hi fel fod gen i groen newydd – oedd o'n teimlo'n anhygoel!

Do'n i ddim yn nerfus am y geni o gwbwl, a 'nes i fwynhau'r profiad mewn ffordd. O'n i 'di mynd tri deg saith wythnos, a dwi'n siŵr bod fy nghorff 'di cael digon erbyn hynny. Nath fy nŵr i dorri yn yr ysbyty ac oedd o'n llawn pw y babi, nath neud i fi banicio 'chydig achos fod rhaid i fi fod yn styc i beiriant i gael fy monitro.

O'n i'n caru'r *pethidine* – o'n i'n cysgu rhwng *contractions*, oedd yn grêt! Odd y *gas and air* yn gneud fy ngheg i mor sych nes o'n i'n methu siarad – oedd o'n afiach. Dwi'n cofio'r boen yn cyrraedd ryw bwynt lle byswn i wedi gneud unrhyw beth am *Caesarean*. O'n i isio gwthio awr cyn iddyn nhw adael i fi neud. Unwaith ges i ddechrau gwthio, odd y pen yn dod allan, ond yn mynd 'nôl mewn unwaith ro'n i'n stopio gwthio. Roeddan nhw ar fin defnyddio *forceps*, a nath hyn i fi wthio'n galetach – do'n i ddim isio iddyn nhw ddefnyddio rheina o gwbwl. Roedd rhaid iddyn nhw fy nhorri fi rywfaint, ond 'nes i ddim eu teimlo nhw'n gneud.

Be do'n i ddim yn ddisgwyl oedd teimlo poen wrth eni'r plasenta – es i syth 'nôl ar y *gas and air*!

Roedd yn rhaid i fi gael fy indiwsio. Tablet wedi stwffio lawr *fanna* i neud i'r dŵr dorri. Hon oedd y rhan waetha o'r profiad i gyd, bron, achos fod y nyrs angen torri ei gwinedd ac yn drewi o BO.

'Nes i gymryd y drygs i gyd – dwi ddim yn dallt pobl sy ddim – does 'na ddim bathodyn *Blue Peter* ar gael am hacio'r boen! Roedd yr epidiwral yn *godsend*. Ro'n i'n dal i allu gwthio, ond diflannodd y boen yn syth – fel tasa'r doctor 'di diffodd rhyw switsh hud. Be oedd ddim yn grêt oedd taflu fyny drosta i fy hun ddwywaith – a'r basin bach brown pathetig oedd i fod i ddal y sic.

Ar ôl genedigaeth gymharol hawdd a di-boen, ges i drafferth wedyn. Roedd y plasenta yn sownd i wal y groth. Dwi'n cofio dwy fydwraig yn tynnu ar y llinyn bogail fel petaen nhw mewn cystadleuaeth *tug o' war*. Dwi ddim yn siŵr be ddigwyddodd, ond nath 'na rywbeth yn rhywle rwygo nath achosi i fi golli lot fawr o waed. Aeth fy nghorff i mewn i dipyn o sioc, a dwi'n cofio teimlo fy hun yn llithro i ffwrdd. Ro'n i mor oer ac yn crynu drosta i. Naethon nhw drin y gwaedu'n gyflym ofnadwy, ac o'n i mor lwcus 'mod i mewn ysbyty. Roedd fy lefelau haearn reit ar y ffin o ran cael *transfusion*, felly ges i 'run.

Dwi'n dal i gofio bydwraig yn dod ata i ar ôl i bob dim orffen, i fy nglanhau i. Roedd 'na sic a gwaed ym mhob man. Ro'n i'n teimlo drosti hi'n gorfod gneud y ffasiwn job, ac ro'n i'n methu stopio ymddiheuro. Dyna'r peth gwaetha, dwi'n meddwl, bod yn rhy wan i gael cawod – dwi'n casáu bod yn fudur! Ro'n i'n teimlo 'mod i angen cerdded drwy *car wash* i sortio'r llanast yn iawn.

Be fyswn i'n licio'i bwysleisio ydi 'mod i heb deimlo dim poen. Dwi'n meddwl bod 'na lot yn ofni'r boen, ond mae cael epidiwral yn datrys y broblem yna'n llwyr. Diolch i'r epidiwral ro'n i'n medru mwynhau'r broses o eni'r babi. Roedd genna i nerth i wthio, a gallu gwrando a dilyn cyfarwyddiadau'n effeithiol.

Dwi'n cofio gweld y pen yn dod allan mewn adlewyrchiad anffodus ar sgrin deledu wedi ei diffodd wrth droed y gwely. Profiad hollol boncyrs – bron fel tasa fo ddim yn digwydd i fi o gwbwl. Roedd gafael ynddi am y tro cyntaf yn anhygoel. Ro'n i wedi bod yn poeni am betha gwirion fel 'Be os dwi'n meddwl ei bod hi/fo'n ofnadwy o hyll?', ond i fi, roedd hi'n berffaith. Pan dwi'n edrych yn ôl ar luniau ohoni newydd gael ei geni rŵan, dydi hi ddim y peth dela, ond mae jyst yn dangos pŵer y bond a'r cariad 'nes i deimlo!

· · ✷ ✷ ☆ ✷ ✷ · ·

Gan 'mod i wedi cael fy indiwsio yn yr ysbyty, am ryw reswm ro'n i'n siŵr y bysa'r holl brofiad yn para dyddiau. Heb yn wybod i fi, roedd y *contractions* wedi dechrau – ond do'n i ddim yn gwybod sut beth oedden nhw am fod. Yr unig beth oedd genna i oedd disgrifiad Mam, ei fod o fel belt yn tynhau dros y bol. Gan fod y *contractions* ddim yn teimlo fel belt o gwbwl, do'n i'm yn meddwl bod 'na ddim byd mawr yn digwydd. Ar ôl i'r boen waethygu'n reit sydyn, 'nes i feddwl y bysa'n well nôl bydwraig – ond ro'n i'n dal i feddwl fod gen i ddyddiau o'r boen yma cyn fysa 'na fabi'n dod i'r golwg. Nath y gŵr smalio nôl bydwraig y tro cynta achos doedd o'm yn coelio bod y boen mor ddrwg ag o'n i'n ei ddeud! Ar ôl 'i hel o'n ôl reit handi achos 'mod i'n desbret am ddrygs, ddoth yna help, ac ro'n i wedi deiletio bedwar centimedr a hanner (heb hyd yn oed gael *gas and air*). Nath y fydwraig ddeud, 'I'll come back to check on you in six hours', a dyna pryd 'nes i benderfynu 'mod i isio epidiwral. O'n i'n gofyn i *bawb* oedd yn pasio am yr epidiwral 'ma, yn cynnwys y ddynes ddoth rownd i ofyn o'n i isio cinio.

Cyn i fi sylweddoli be oedd yn digwydd, ro'n i wedi cyrraedd y deg centimedr, felly doedd dim amser am epidiwral achos odd hi'n amser pwshio. Dyma pryd naethon ni sylweddoli bod y bag newid yn dal yn y car – o'n i wedi bod mor siŵr â hynny y bysa hi'n cymryd dyddia i betha ddigwydd. Ges i ddiamorffin yn y diwedd, nath neud i fi deimlo'n reit gysglyd, felly rhwng y *contractions* o'n i bron â chysgu. Fyswn i'n deud ei fod o 'di helpu petha i fi. Doedd y pwshio ei hun ddim yn brifo gymaint â hynny a dwi'n cofio pan oedd y babi hanner ffor' allan troi at y bydwragedd a deud, 'I don't feel like I'm making any progress. Do you think I need a Caesarean?' O'n i 'di paratoi fy hun i fod yn gneud bob math o synau, ond 'nes i ddim, diolch byth. Dwi'n cofio poeni am hynna. Diwrnod gorau a gwaetha fy mywyd. Dwi'n meddwl ei fod o'n waeth i'r partneriaid, deud y gwir, yn gorfod gwylio'r cyfan.

· · ✳ ✳ ☆ ✳ ✳ · ·

R o'n i wedi ymchwilio gymaint i brofiadau pobl eraill yn geni babi, drwy fusnesu ar y we a holi fy ffrindiau oedd 'di cael babis. Ro'n i'n disgwyl i'r profiad fod yn llawer, llawer gwaeth nag oedd o, a dwi'n siŵr y gwneith rhai mamau fy nghasáu i am ddeud hyn, ond do'n i'm yn meddwl bod y geni mor ddrwg â hynny. 'Nath pethau ddigwydd yn eitha cyflym i fi (am fabi cyntaf), a'r holl beth yn para llai na deuddeg awr. Gan 'mod i 'di ofni'r gwaetha o ran y boen, a meddwl y bysa'r holl brofiad yn un blêr a horibl, a' i mor bell â deud 'mod i wedi mwynhau rhannau o'r profiad. Dwi'n meddwl bod y ffaith mai gartre o'n i wedi fy helpu i ymlacio. 'Nes i ddarllen lot am sut oedd y ffordd wyt ti'n penderfynu delio efo pethau a thrio peidio cynhyrfu yn gallu helpu'r broses. Dim ond *gas and air* ges i at y boen.

Yn anffodus, nath y *contractions* arafu gormod ac ro'n i'n methu cael y pen allan, felly roedd yn rhaid i fi fynd i'r ysbyty yn y diwedd. Do'n i wir ddim isio mynd, ond ro'n i'n derbyn mai beth bynnag oedd saffa i fi a'r babi oedd bwysicaf. 'Nes i orfod cael *forceps* i gael y babi allan, ond erbyn hynny ro'n i mor agos at gael fy mabi, do'n i'm yn poeni rhyw lawer sut roedd hi'n cyrraedd. Roedd o'n reit boenus, ond roedd o hefyd drosodd mor sydyn.

· · ✳ ✳ ☆ ✳ ✳ · ·

Ges i'n indiwsio yn y diwedd ar ôl gwastraffu amser efo dau *sweep* (un gan fydwraig oedd yn boblogaidd iawn yn y maes diolch i'w bysedd hir a thenau, a'r llall gan fydwraig oedd, yn anffodus, efo bysedd bach a thew). Fyswn i'm yn trafferthu'r tro nesa. Es i i'r ysbyty erbyn wyth y bore ond ddoth yna neb i'n gweld ni tan ddau y pnawn – ddim y dechrau delfrydol. Ges i'r tabled tua tri, a mater o aros oedd hi wedyn. Es i am dro bach slei allan o'r ysbyty i Costa Coffee am gacen, brechdan a phaned yn teimlo fel 'chydig bach o rebal. Nath y poenau ddechrau, tebyg i amser y mis, pan ddes i'n ôl i'r ysbyty. Es i am fàth efo cwpwl o gylchgronau ond gwaethygu'n sydyn nath y boen. Ges i drafferth codi a cherdded o'r bath, roedd y *contractions* yn dod mor sydyn, un ar ôl y llall. Ro'n i wedi cyrraedd pedwar centimedr a hanner ac roedd calon y babi dan straen o ganlyniad i'r *contractions* hegar. Ges i'n rhuthro i ffwrdd ar droli, a dwi'n cofio crasho mewn i gwpwrdd ffeilio mewn coridor – roedd o fel rhyw olygfa o *Grey's Anatomy*!

Caesarean brys oedd ar y cardiau, a dwi'n cofio cyrraedd ystafell efo lot o ddoctoriaid a bydwragedd a phawb yn deud pethau gwahanol wrtha i. Dwi hefyd yn cofio bod yna lot o waed. Dod i ddallt fod y plasenta wedi dod oddi ar y wal, sy'n gallu arwain at farwolaeth y babi. Cael yr anesthetig wedyn a phanicio wrth glywed geiriau'r nyrs, 'She's going', a fi'n meddwl, na, dwi'n dal i fedru teimlo! Pan ddes i at fy nghoed ar y ward, ro'n i'n poeni am bob dim ac yn teimlo'n bryderus iawn, a nath hynny hi'n anodd iawn i fi fwynhau'r foment o weld fy merch am y tro cyntaf. Mae pawb yn sôn am y cariad 'ma sy'n eich llorio chi, ond ro'n i'n rhy wan (ac ar ormod o forffin) i deimlo dim byd.

> Dwi'n cofio bod mor hapus yn y *delivery room* – roedd o'n amser mor lyfli, jyst ni'n tri am y tro cyntaf. 'Na i byth anghofio'r teimlad yna.

Yn lwcus i fi, nath fy nŵr i dorri tra o'n i ar y toilet. Roedd o 'chydig yn binc, dyna sut o'n i'n gwybod. Ar fy ffordd i *circuit training* o'n i. Es i mewn i'r ysbyty a naethon nhw roi ryw diwb lawr fanna, tebyg i pan ti'n cael *smear test*, i allu gweld oedd y dŵr 'di torri, a dyna oedd o. Ges i dipyn o sioc yn clywed hynna – nath o bob dim yn reit real reit sydyn. 'Nes i ofyn yn syth, 'Felly fydd 'na fabi yma yn y ddau ddiwrnod nesa?', a'r unig beth oedd ar fy meddwl oedd 'mod i 'di gneud trefniadau i weld ffilm yn y sinema y bore wedyn! Diolch byth, naethon nhw fy hel i adra a deud wrtha i am ddod 'nôl yn y bore, felly es i'n syth i'r sinema ar fy mhen.

Gaethon ni dêc-awê y noson honno – a wedyn ffraeo. Doedd hi 'mond cwpwl o ddwrnodia cyn diwrnod Dolig, ac roedd o'n ffysian efo presanta a ballu a fi'n sgrechian arno fo 'mod i ar fin geni ac y dyla fo anghofio am blincin Dolig!

Aethon ni'n ôl i'r ysbyty erbyn naw y bore wedyn, a dwi jyst yn cofio bod mor bôrd yna. Ges i dabled lawr fanna amser cinio i'n indiwsio i, ond nath 'na'm byd ddigwydd tan i fi gerdded i'r ward gyda'r nos. Dwi'n cofio gweld cot bach, a nath o 'nharo i'n reit galed fod 'na fabi ar y ffordd, ac es i'n nyrfys ofnadwy – ro'n i'n crynu drosta i!

Ges i felt o gwmpas y bol a drip wedi'i gysylltu ata i er mwyn monitro petha, a ddoth 'na ddoctor i mewn i weld faint o'n i wedi deiletio, a nath hynna 'nhorri fi. Nath ei bysedd hi frifo gymaint, 'nes i banicio'n llwyr am sut o'n i am handlo poen y geni. O'n i'n teimlo fel 'mod i 'di torri o hynny 'mlaen. O'n i hefyd yn casáu gorwedd yna heb nicyrs yn teimlo'n hollol *exposed*.

Unwaith gychwynnodd y *contractions* go iawn, o'n i'n teimlo'i fod o'n boenus yn syth. Nath y *gas and air* ddim byd i'r boen o gwbwl. Do'n i heb ymchwilio i wahanol opsiynau cyn y geni, achos ro'n i (yn stiwpid) yn meddwl fysa'r *gas and air* yn ddigon i fi. 'Nes i drio'r diamorffin oedd jyst fatha'r *gas and air* ond ddeg gwaith yn gryfach, ac eto, nath o ddim helpu efo'r boen. Dwi'm yn cofio lot wedyn. O'n i mewn ac allan o gwsg, dwi'n meddwl. 'Nes i droi at fy mhartner ar un pwynt a deud, 'Sgenna i ddim syniad lle 'dwi', tra o'n i'n crio isio epidiwral. Y fydwraig yn deud wedyn, 'Ddo i 'nôl mewn pedair awr i weld lle rwyt ti arni' – pedair awr?!

Ges i epidiwral o'r diwedd, a dwi'm yn siŵr ai hwnna neu'r cyffuriau eraill oedd y bai, ond ges i *shakes* afiach. Ddoth 'na ryw ddoctor i mewn wedyn a defnyddio ei llaw i weld beth oedd yn mynd ymlaen, achos odd y babi'n dal yn ofnadwy o uchel. 'Nes i orfod arwyddo rhywbeth i ddeud 'mod i'n hapus i gael *Caesarean* ac roedd fy mhartner wedi newid i *scrubs* yn barod. Yn wirion, dwi'n siŵr mai fi oedd yn dal y babi 'nôl gan 'mod i gymaint o ofn pi-pi neu pw! Erbyn bod y cathetr i mewn achos yr epidiwral, 'nes i ymlacio – a nath hyn i'r babi ddisgyn. Nath y fydwraig lwyddo i gael hanner awr arall i ni drio geni'n naturiol. Ddoth 'na fabi o fewn chwarter awr! O'n i'n teimlo 'mod i hollol *in control* diolch i'r epidiwral.

'Nes i pw hefyd, a gweiddi ar fy mhartner, 'Paid â sbio!', ond roedd y fydwraig mor broffesiynol, yn ei lanhau o mor sydyn nes doedd na'm rheswm i boeni o gwbwl. O'n i 'di trio mynd i'r toilet gymaint ar ôl i'r dŵr dorri i osgoi hyn, ond o'n i jyst wedi methu. O'n i'n poeni mwy am bw nag o'n i am eni'r blincin babi!

.·✦ ✻ ☆ ✻ ✦·.

Fi'n cofio edrych ar bob mam yn wahanol ar ôl bod drwy'r profiad fy hun; odd e fel – waw, chi i gyd yn anhygoel. Beth oedd yn od i fi oedd, yn ystod yr enedigaeth ei hun, 'mod i wedi llwyddo i jyst rhoi pen lawr a mynd drwyddi, ond am wythnosau wedyn o'n i'n eitha *traumatised* yn edrych 'nôl ar beth oedd wedi digwydd.

Gafon ni secs am hanner nos, a phum munud wedyn nath y *contractions* ddechre. Odd e'n nyts. Cyn hyn, o'n i wedi bod yn cael lot o *Braxton Hicks* ac wedi bod i'r ysbyty ddwywaith yn meddwl 'mod i ar fin cael y babi am eu bod nhw mor *intense*. Felly'r tro yma, o'n i'n dal i feddwl mai'r *Braxton Hicks* oedd e. Oedd 'na ddeuddeg awr wedi mynd heibio a do'n i'n dal ddim yn siŵr oedd pethau wedi dechrau go iawn neu beidio.

Dyma pryd 'nes i a'r gŵr benderfynu mynd am bitsa bach lawr y Bae, *as you do!* Pan o'n ni'n cerdded 'nôl nath e hitio fi *big time – it all kicked off*, ac o'n i ar y *flyover* yn fy Uggs, yn methu sefyll yn syth! 'Nes i rywsut wadlo gweddill y ffordd adre a jyst colapso ar y llawr ar fy mhedwar – a dyna pryd 'nes i ffonio'r fydwraig!

'Nes i gyrraedd yr ysbyty wedi deiletio saith centimedr a mynd yn syth mewn i'r pwll. O'n i wedi gneud CD arbennig ar gyfer y geni, a'r gân gynta ddoth arno oedd 'Circle of Life' o *The Lion King*. Roedd yr olwg ar wynebau'r bydwragedd yn werth ei gweld! Gath e'i eni i 'Billie Jean' gan Michael Jackson!

Erbyn naw i ddeg centimedr fi *actually*'n cofio meddwl, os fydde 'na wn yma nawr, bydden i'n ei ddefnyddio fe. Naethon nhw lusgo fi mas o'r pwll i weld faint o'n i wedi deiletio, a fi'n rili grac na naethon nhw ddefnyddio drych yn lle hynny, achos ro'n i moyn aros yn y dŵr. Odd y babi'n un mawr, ac roedd y boen o bwshio gan miliwn o weithiau'n waeth nag o'n i 'di meddwl fydde fe. Odd y pen yn dod mas yn eitha barbaraidd, fi'n meddwl. Odd gweiddi'n helpu rywfaint ar y pwshio, ond ddoth 'na fydwraig i mewn o drws nesa a dweud wrtho i i fod yn dawel! Nath y gŵr y camgymeriad o gytuno gyda hi a 'nes i regi ar dop fy llais yn ei wyneb.

Fi'n cofio ymateb y bydwragedd wrth iddyn nhw weld seis y babi – naethon nhw *actually* gaspio. Fi'n cofio teimlo'n sic o glywed ei fod e'n naw pwys pymtheg owns. 'Nes i waedu lot hefyd, felly o'n i'n rili wan yn syth ar ôl y geni, a do'n i ddim y fam berffaith o'n i wedi dychmygu fydden i. Doedd dim ots 'da fi am y croen wrth groen, ac a bod yn onest, do'n i ddim eisie'r babi'n agos ata i o gwbwl ar y pryd. O'n i'n dal mewn *survival mode* hyd yn oed ar ôl y geni. O'n i angen amser i fi fy hun. O'n i hefyd wedi trial edrych yn neis a rhoi colur a golchi 'ngwallt, oedd yn wastraff amser pur, achos o'n i'n fês llwyr yn y pwll.

Pan ddes i rownd, fi'n cofio edrych ar y babi bach newydd 'ma a dweud yn hollol o ddifri, 'Gobeithio bo' ti werth e.' O'n i 'bach yn grac 'da fe, achos ei fod e newydd roi fi drwy gymaint o boen.

· · ✦ ✱ ☆ ✱ ✦ · ·

Ges i enedigaeth hiiiiiir. O'n i'n cael fy indiwsio am chwech fore Gwener, a ddoth y babi am hanner awr wedi pedwar fore Sul. Nath y tablet cynta ddim byd, felly ges i un arall wyth awr yn ddiweddarach, a dwi jyst yn cofio cerdded rownd a rownd yn reit bôrd yn aros i rywbeth ddigwydd. Odd raid i'r gŵr fynd adref am naw o'r gloch ar y nos Wener, ac erbyn hanner awr wedi naw o'n i mewn lot o boen – fatha *period pains* ofnadwy o ddrwg. Dwi'n cofio bod ar y ffôn efo fo'n crio on ac off drwy'r nos. Erbyn hyn, roedd y poenau mor ddrwg o'n i'n methu yfed na bwyta. Do'n i heb ddeiletio o gwbwl, ond odd yr *induction* wedi gorfodi'r *contractions* i ddechra. Ro'n i'n cal *sweeps* cyson hefyd. Ges i'n annog i gael bath poeth iawn wedyn, ac erbyn i fi ddod allan ro'n i mewn gymaint o boen dwi'n cofio bod ar fy mhedwar ar lawr y stafell molchi'n noeth, yn chwysu ac yn methu agor y drws. Ddoth y *show* allan yn y bath – gync afiach, *stringy* a dwi'n cofio'i ddangos o i'r bydwragedd yn falch – cyfog! Dwi'n cofio 'ngŵr, sy'n ffarmwr, yn deud, 'Mae defaid yn cael heina hefyd.' Grêt, falch 'mod i'n gwybod.

Aeth 'na ddiwrnod cyfan heibio heb i fi allu yfed na bwyta, felly unwaith 'nes i hitio'r *gas and air*, 'nes i ddechra pasio allan. Ges i'n symud i'r *labour ward* wedyn er mai 'mond tri centimedr o'n i wedi deiletio. Dwi'n eitha siŵr mai fi ydi'r person slofa yn y byd am ddeiletio. Naethon nhw orfod torri'r dŵr i fi, a do'n i ddim yn gwybod lle o'n i erbyn hyn. Dwi'n cofio clywed rhywun yn deud wrth y gŵr, 'Os na cheith hi epidiwral, neith hi fyth eni'n naturiol.' Ro'n i'n taflu i fyny lot hefyd. Ges i epidiwral, a bron yn syth, 'nes i anghofio bob dim drwg oedd 'di digwydd. 'Nes i rannu hyn efo'r gŵr, oedd yn wyn fel y galchen ac yn *gutted* ei fod o'n cofio bob dim. Nath y boen i gyd ddiflannu, oedd yn gymaint o ryddhad.

Gan fod yr holl beth yn cymryd mor hir, ges i ryw dair bydwraig wahanol yn mynd a dod gan fod eu shiffts nhw'n gorffen. Dwi'n cofio pwshio wedyn am amser hir iawn yn marw o syched – do'n i ddim yn cael yfed rhag ofn fysa'n rhaid i fi gael *Caesarean*. A'r unig beth o'n i isio yn y byd oedd can o Coke. Y doctor wedyn yn penderfynu 'mod i angen *Caesarean*, felly mynd i'r theatr ac arwyddo rhyw ddogfennau reit sgêri oedd yn sôn fod 'na risg o farw. Dwi'n cofio bod yn od o gwrtais efo pawb ar ôl cael epidiwral, yn ymddiheuro am bob dim.

Roedd yn rhaid i 'ngŵr i aros tu allan i'r theatr am oes, a nath o sôn wedyn mai hwn oedd y darn gwaethaf iddo fo. Gath o ddod fewn yn y diwedd, a naethon nhw benderfynu trio cael y babi allan unwaith efo *forceps* – o'n i ofn hyd yn oed edrych arnyn nhw. Dwi'n cofio teimlo'n reit *impressed* efo pa mor uchel oedd fy nghoesau i yn yr awyr! Do'n i bron ddim yn coelio mai 'nghoesau i oeddan nhw. Diolch byth, ddoth hi allan efo'r *forceps* heb unrhyw boen. O'n i'n teimlo'n reit syn o'i gweld hi, fatha 'mod i 'di anghofio 'mod i'n cael babi! Mae rhan ohona i'n *gutted* 'mod i wedi cael yr holl ddrygs, achos fyswn i'n licio cofio gafael ynddi am y tro cynta'n well, ond mae'r holl gyffuriau 'di cymylu pethau.

Ges i'r Coke yn y diwedd ar ôl i 'ngŵr ddreifio o gwmpas am hanner awr wedi pump y bore yn chwilio am siop. Roedd rhaid iddo fo fynd adra'n syth wedyn, oedd yn anodd, a dwi'n hanner cofio ffonio llwyth o bobl tua chwech o'r gloch y bore'n dal off fy mhen. 'Nes i aros yn yr ysbyty am noson arall, ond dwi'n cofio bron dim o'r cyfnod yna chwaith. Dwi'n siŵr nath y drygs aros yn y system am dipyn o ddyddia.

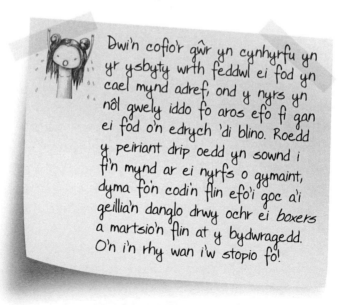

Dwi'n cofio'r gŵr yn cynhyrfu yn yr ysbyty wrth feddwl ei fod yn cael mynd adref, ond y nyrs yn nôl gwely iddo fo aros efo fi gan ei fod o'n edrych 'di blino. Roedd y peiriant drip oedd yn sownd i fi'n mynd ar ei nyrfs o gymaint, dyma fo'n codi'n flin efo'i goc a'i geillia'n danglo drwy ochr ei boxers a martsio'n flin at y bydwragedd. O'n i'n rhy wan i'w stopio fo!

Gan 'mod i'n berson preifat a reit swil, o'n i'n cachu fy hun cyn yr Genedigaeth. O'n i'n poeni fyswn i'n newid personoliaeth ac yn dechrau rhegi llwyth, neu'n gneud synau afiach fatha ryw anghenfil! Dwi'n meddwl 'mod i 'di poeni mwy am sut fyswn i'n ymddwyn nag am boen y geni. 'Nes i synnu pa mor gryf o'n i'n y diwedd, fel rhywun sydd ofn nodwyddau. Ac o edrych 'nôl, doedd ddim angen poeni am golli urddas, achos dydach chi wir ddim yn poeni ar y pryd – 'nes i hyd yn oed redeg o un ward i'r llall mewn coban oedd yn hollol agored yn y cefn, efo fy mhen-ôl yn hongian allan. Mor *out of character*, ond do'n i'n poeni dim am y peth!

· · ✦ ✱ ✰ ✱ ✦ · ·

Yn ddau ddeg tri wythnos ac un diwrnod, ro'n i 'di deiletio ddau centimedr. Doedd y meddygon ddim yn gallu dweud pam fod hyn yn digwydd na pryd fyddai'r babi'n dod, ond roedden ni'n gwybod fod hwn ddim am fod yn brofiad hapus na chyffrous fel roedden ni wedi'i ddychmygu. Yn ddau ddeg tri wythnos a phedwar diwrnod am dri o'r gloch y bore, roedd hi'n reit amlwg fod rhywbeth mawr yn digwydd i fy nghorff i, a fod y *labour* wedi dechre. Ro'n i'n trial dweud wrth fy hunan 'mod i'n dychmygu pethe, ac os bydden i'n mynd 'nôl i gysgu bydden i'n deffro yn y bore gyda'r hunllef drosodd.

Edryches i lawr ar fy ngŵr oedd yn ceisio cysgu ar y llawr concrit caled a do'n i ddim eisie ei ddychryn na'i ypsetio drwy ddweud beth oedd yn digwydd. Er hyn, roedd rhaid i fi ei ddeffro er mwyn iddo nôl y fydwraig a gwneud yn siŵr fod y *neonatologists*, yr *obstetricians* a'r *paediatricians* i gyd yn barod i eni'r babi yma oedd ar bapur ddim i fod i allu goroesi tu fas i'r groth gan ein bod ni heb gyrraedd dau ddeg pedwar wythnos. Fi'n cofio meddwl: Plis Duw, gad iddi ddod mas yn fyw er mwyn iddyn nhw gael cyfle i'w hachub hi!

Erbyn hyn ro'n i yn yr ystafell eni a'r *labour* mewn *full swing*. Ges i tagnesiwm ar drip i aeddfedu ymennydd y babi. Roedd popeth yn digwydd mor sydyn ac roedden ni'n gweddïo y byddai'r drop olaf yn mynd i fy system cyn i'r babi adael fy nghorff. Nath e ddim. Doedd dim amser am ail gwrs o steroids i aeddfedu ysgyfaint fy mabi chwaith. Ar yr adeg yma roedd 'na dîm o weithwyr proffesiynol yn edrych ar fy ôl i, pob un yn delio gyda'r sefyllfa'n hollol wahanol. Roedd rhai, oedd yn cael eu llethu gan drasiedi'r sefyllfa, yn dawel iawn a ddim yn gallu cuddio'u tristwch, roedd rhai yn ymddwyn fel tase popeth yn hollol normal, ac eraill fel eu bod nhw'n trial cael slot ar *Britain's Got Talent* drwy wenu a diddanu am y gorau. A bod yn deg, sut rydych chi i fod i ymddwyn mewn sefyllfa fel hyn?!

Roedden nhw'n pwyso arnon ni i ffilmio curiad calon y babi ac roedd hi'n amlwg pam – roedden nhw'n credu taw dyna i gyd fydde ganddon ni i gofio amdani. O ystyried yr uffern odd yn mynd ymlaen o flaen fy llygaid, roedd y *gas and air* yn fy nghadw'n *calm*. Odd e fel 'mod i'n gwylio'r cyfan ar ffilm, ddim fel tase fe'n digwydd i ni o gwbwl. Roedd fy ngŵr ar y llaw arall, heb unrhyw gyffur i'w helpu, yn edrych ar y cyfan â'r ofn mwyaf yn ei lygaid. Ro'n i'n gallu gweld fod ei galon e'n torri.

Erbyn hyn, roedd yr ystafell wedi dechre llenwi gydag *obstetricians*, a dyma fy nŵr i'n ffrwydro dros yr ystafell. Roedd gwyneb y fydwraig yn dweud wrtha i fod hyn ddim yn beth da. Dechreuodd curiad calon y babi arafu'n gyflym iawn a fi'n cofio'r doctor yn edrych arna i'n llawn trueni fel tase fe'n trial dweud wrtho i baratoi am y gwaethaf. Roedd y babi'n llithro i ffwrdd, felly defnyddiais bob owns o egni i'w gwthio hi mas.

Cafodd ei geni mor gyflym nes bod *crash call* wedi ei wneud i'r NICU (*neonatal intensive care unit*). Roedd ein babi, gafodd ei geni'n *battered and bruised*, yn fyw, ond yn pwyso jyst dros bwys. Roedd hi yng ngofal tîm o bobl nath lwyddo i'w chadw i anadlu a'i sefydlogi. Gofynnodd fy ngŵr ai bachgen neu ferch oedd hi, ac o ddeall mai merch fach oedd hi, torrodd i lawr.

Unwaith roedd eu gwaith ar ben, daethon nhw â hi aton ni yn ei *incubator* symudol er mwyn i ni gael ei gweld, a phan aethon nhw â hi ar ei thaith i'r NICU, trodd y meddyg aton ni a dweud, 'Dydi pethau ddim yn edrych yn dda.' Gyda'r ystafell erbyn hyn yn hollol dawel a *sombre*, 'nes i drial cysgu'r uffern bant. Bedair awr yn ddiweddarach gaethon ni fynd i'w gweld hi.

··✦ ✦ ✮ ✦ ✦ ··

Er bod y naw mis o feichiogrwydd wedi hedfan heibio, roedd y deg diwrnod ro'n i'n *overdue* yn teimlo fel canrif o 'mywyd. Er 'mod i'n methu aros i gael cyfarfod y babi, ro'n i'n poeni'n ofnadwy am y geni. Do'n i ddim yn meddwl fyswn i'n ddigon cryf. Do'n i chwaith ddim isio gorfod dangos fy nghorff i ddieithriaid, neu'n waeth byth, i rieni rhai o'r plant ro'n i'n eu dysgu oedd yn gweithio yn yr ysbyty.

Ges i ddim profiad da yn anffodus. Ar ôl oriau o wthio, roedd rhaid cael *emergency C-section*, oedd yn sioc fawr i fi a fy nheulu. Mae'r holl beth yn dipyn o *blur* o edrych yn ôl. Ro'n i wastad wedi dychmygu dathlu efo gwydraid o Prosecco oer ar ôl i'r babi gyrraedd, ond y realiti oedd 'mod i'n swp sâl yn poeni oedd y babi'n iawn. Gath o'i dynnu yn sydyn o'r bol a'i symud i stafell arall cyn i ni sylweddoli ei fod allan hyd yn oed. 'Na i byth anghofio gorwedd yn y theatr yn aros i glywed oedd y babi'n iawn. Dwi hefyd yn cofio teimlo'n euog fod pethau wedi mynd o le. Er hyn, roedd y rhyddhad o glywed fod y babi'n iach yn anhygoel.

Wrth edrych 'nôl ar yr enedigaeth, roedd o'n un o brofiadau anodda fy mywyd, ond hefyd yn un o'r gorau. Dwi'n chwerthin wrth gofio pethau bach gwirion fel penderfynu mynd i'r ysbyty am fod y *contractions* wedi gwaethygu ac eistedd yn y car yn aros am y gŵr. Doedd 'na'm golwg ohono fo. Ar ôl aros am oes dyma fo'n dod rownd y gornel hefo'r bins. Ei ymateb oedd: 'Be? Mae'n rhaid rhoi'r bins allan heno neu fydd hi'n dair wsos cyn iddyn nhw wagio'r bin gwyrdd eto.' Blydi dynion!

··✦ ✦ ✮ ✦ ✦ ··

Y ⑩ peth gwaetha am y geni

① Pob Tom, Dic a Harri'n meddwl fod ganddyn nhw hawl i stwffio'u llaw nhw lawr fanna.

② Gwallt seimllyd a *bad breath*.

③ Teimlo fatha'ch bod chi'n *hammered* ar noson allan, heb y clwb nos, yr alcohol, y *glamour* na'r hwyl.

④ Bod isio stabio'ch partner yn ei lygad efo fforcen rydlyd.

⑤ Edrych fatha Charlize Theron (yn *Monster*).

⑥ Y diflastod a'r diffyg cwsg.

⑦ Cachu.

⑧ Geni'r pen. Plis ga i rywun yn tanio leitar o dan fy *vagina*.

⑨ Taflu i fyny. Fwy nag unwaith.

⑩ Y boen (*obvs*).

y dyddiau cyntaf

'Nes i aros yn yr ysbyty am y pedair noson gynta, a dwi mor falch 'mod i wedi. Ges i help i fwydo yng nghanol nos pan oedd genna i ddim clem be i neud. Mae'n gallu bod yn unig heb eich partner yn y nos, ond ro'n i reit hapus i ganu'r gloch fach i gael help. Es i braidd yn rhy bell erbyn y diwedd, yn galw arnyn nhw i estyn Crunchie i fi am dri o'r gloch y bore! Dwi'n cofio llusgo fy hun i'r ystafell molchi yn yr ysbyty yr eiliad ro'n i'n medru, a dychryn wrth edrych yn y drych. Ro'n i'n edrych fel fod 'na fws wedi gyrru drosta i. Ro'n i'n teimlo fel *war survivor*. Nath o gymryd bob owns o egni oedd genna i i gael cawod. Dwi'n cofio trio gneud i fy hun edrych yn well drwy wisgo colur a gneud fy ngwallt, heb fawr o lwc. Er hyn, ro'n i 'di gwirioni'n llwyr efo fy merch. Fedra i ddim disgrifio'r teimlad yna. Roedd o'n hollol *overwhelming*. I fi, roedd hi'n berffaith.

Yr unig ddrwg am aros yn yr ysbyty oedd 'mod i'n methu cysgu o gwbwl. Ro'n i'n bwydo fy hun, ac yn gneud hynny'n reit aml ac wedi cynhyrfu am yr holl beth, felly o'n i'n llawn adrenalin. Fedra i ddim pwysleisio digon pa mor bwysig ydi cael cwsg yn ystod y dyddiau cyntaf.

· · ✽ ✽ ☆ ✽ ✽ · ·

Pan 'nes i weld y babi am y tro cynta, ro'n i mewn sioc a ddim o gwmpas fy mhethau achos yr holl gyffuriau. Do'n i ddim hyd yn oed yn gwybod ai merch neu fachgen oedd hi am dipyn – doedd 'na neb wedi deud, a ro'n i'n rhy *dazed* i holi. Ro'n i wedi bod mor siŵr 'mod i'n cario bachgen, nath hi gymryd dipyn o amser i fi ddallt mai merch oedd yn fy mreichiau.

'Nes i ddim gafael ynddi lot yn yr oriau cynta yna – dwi ddim yn siŵr pam. O'n i'n teimlo'n grêt yndda i fy hun ac yn falch o be ro'n i 'di'i gyflawni; roedd o'n gymaint o *high*. Er hyn, ges i ddim fy nharo gan y cariad anhygoel 'ma tuag at y babi mae rhai'n sôn amdano fo.

Roedd lefelau glwcos y babi'n isel, felly roedd rhaid i fi aros yn yr ysbyty am gwpwl o ddyddiau. Gath ei lefelau siwgr hi eu profi gan ei bod hi dair wythnos yn gynnar, a dwi mor falch achos fysa hi 'di medru mynd i goma tasan ni 'di mynd adra.

Oedd raid iddi fynd i adran *neonatal* yr ysbyty. Roedd hynny'n anodd, achos roeddach chi'n gweld babis bach difrifol wael, a'r teuluoedd yn dioddef. Roedd yr holl beth yn emosiynol iawn, ond roeddan ni jyst yn teimlo mor lwcus fod ein babi ni ddim mor sâl â hynny. Ges i stafell i fi fy hun yn ystod y cyfnod yma, efo *en-suite* a bob dim ac o'n i'n hapus iawn efo hynny. Do'n i ddim yn teimlo 'mod i angen bod efo fy merch o hyd, ac ro'n i'n mwynhau'r rhyddid a'r amser ges i i gryfhau os dwi'n onest. Fyswn i'n mynd i'r caffi ar ben fy hun i fwynhau cinio mewn llonydd. Ro'n i'n teimlo fatha 'mod i mewn sba!

·· ✤ ✳ ☆ ✳ ✤ ··

Ynoson gynta'n yr ysbyty oedd y noson waetha o gwsg dwi 'rioed 'di'i chael. Ro'n i 'di dechra trio bwydo fy hun yn syth, ac wedi colli fy *inhibitions* i gyd. Do'n i'm yn meindio pwy oedd yn 'y ngweld i wrthi – teulu, ffrindia, staff, pwy bynnag! Roedd o'n boenus, felly doedd genna i'm egni nac amynedd i fod yn *discreet*.

Dwi'n cofio'r bydwragedd yn mynd â'r babi er mwyn i fi gael cwsg, ond yn dod yn ôl ar ôl tri chwarter awr i ddeud ei fod o isio bwyd. Ro'n i bron â chrio! Ro'n i'n gweddïo'n ystod y ffid yna ei fod o am gymryd digon i fi gael llonydd i gysgu rywfaint. Ar ben y blinder roedd yr euogrwydd fod y babi'n mynd ar fy nyrfs i'n barod!

Ro'n i'n teimlo fatha 'mod i wedi bod mewn damwain car. Roedd bob rhan ohona i'n brifo. Nath hyd yn oed y gawod gynta frifo. *Dazed and broken.*

·· ✤ ✳ ☆ ✳ ✤ ··

'Nes i rwygo o un twll i'r llall, a dyna 'nes i stryglo efo fo fwya – y boen wedyn. O'n i wedi paratoi fy hun am y diffyg cwsg, ond ddim y boen. Ges i drafferth eistedd yn gyfforddus efo hi am tua dau fis, ac roedd hyd yn oed codi o'r gwely'n anodd. Roedd hi hefyd yn fabi oedd isio cael ei chario o hyd, felly o'n i'n stryglo go iawn. Rŵan, mae'r babi bron yn chwe mis a dwi'n dechra gwisgo nicyrs neis eto, achos roeddan nhw jyst yn rhy boenus cynt. Chwarae teg i'r gŵr, nath o orfod mynd i brynu nicyrs anferthol a chyfforddus i fi!

$$\cdot\cdot\,\ast\,\,\maltese\,\,\bigstar\,\ast\,\,\cdot\cdot$$

Nath y ddwy fydwraig 'y ngadael i ar ben fy hun ddwy awr ar ôl geni ar lawr y gegin! 'Nes i fwydo o'r fron am tua pump awr, a wedyn nath o ddim bwydo am bron i bedair awr. Doedd o'm yn latsio 'mlaen, felly ro'n i'n cymryd ei fod o'm isio bwyd. 'Nes i dalu am hynna wedyn pan nath o latsio 'mlaen o'r diwedd am naw y nos ac aros ar y bŵb tan un ar ddeg Y BORE WEDYN! *Oh my God*, dwi 'rioed 'di edrych nac ogleuo mor ddrwg yn fy mywyd.

Does 'na neb yn sôn am y petha sy'n digwydd i chdi ar ôl geni chwaith, nag oes? Fel y clots a'r gwaed a'r ffaith fod angen gwisgo pad tew am tua chwech wsos. A bod y pi-pi cynta yn mynd i LADD, felly mae'n well rhedeg bath a pi-pi yn hwnna am 'chydig ddiwrnoda ... mae'r holl beth yn boncyrs! A do'n i'm hyd yn oed isio meddwl am gael pw! Dwi'n cofio gwlychu cadach a'i ddal o lawr fanna a gwasgu a gwasgu a dim ond cael plopyn bach fel pw dafad yn dod allan (oedd yn teimlo fel andros o lwmp).

Diwrnod rhif pump oedd y gwaetha. Roedd 'na un o'n ffrindia gora i 'di dreifio fyny o Gaerdydd i'n gweld ni ond nath 'na aelodau o'r teulu benderfynu galw heb rybudd hefyd. Roeddan nhw'n disgwyl fy ngweld i'n hapus ac yn llawn sgwrs, yn cynnig paneidia a ballu, ond 'nes i'm byd 'mond crio yr holl amser oeddan nhw draw. Ro'n i jyst isio llonydd efo'n

ffrindia i fynd drwy'r peth gwallgo 'ma oedd newydd ddigwydd i fi
(a 'chydig o amser i arfer efo'r bronnau hiwj llawn llefrith oedd yn lladd!).
Be sy'n bod ar bobl sydd ddim yn meddwl ffonio cyn mynd i weld rhywun
sydd newydd gael babi?

Ifi, roedd yr ysbyty fel uffern ar y ddaear. Roedd hi'n orlawn yno a doedd
na'm digon o staff. Roedd hi hefyd mor boeth, ac o'n i mewn cornel
dywyll, afiach. Doedd o ddim yn help bod yn rhaid i'r gŵr fynd adref yn
y nos, ac ro'n i'n beichio crio'n ei weld o'n gadael. Dwi'n cofio teimlo 'mod
i'n cael fy anwybyddu, a theimlo'n unig iawn ac ar goll. Ro'n i ofn gwasgu'r
botwm i ofyn am help.

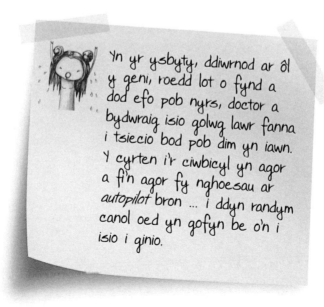

Yn yr ysbyty, ddiwrnod ar ôl
y geni, roedd lot o fynd a
dod efo pob nyrs, doctor a
bydwraig isio golwg lawr fanna
i tsiecio bod pob dim yn iawn.
Y cyrten i'r ciwbicyl yn agor
a fi'n agor fy nghoesau ar
autopilot bron ... i ddyn randym
canol oed yn gofyn be o'n i
isio i ginio.

Ges i ofal ffantastig yn yr ysbyty – roedd y bydwragedd yn methu gneud digon i'n helpu i, roedd e'n anhygoel. Fe 'nes i'r camgymeriad o ddechrau gwylio bocs set jyst cyn cael y babi, ac roedd e fel obsesiwn cudd 'mod i moyn cario 'mlaen i'w wylio fe'n syth ar ôl dod gytre. Felly pan fydde Mam yn gweud 'Cer lan stâr am nap', bydden i'n mynd lan a gwylio cwpwl o benode yn lle cysgu!

· · ✤ ✤ ✩ ✤ ✤ · ·

Fydden i wedi lico cael mwy o ofal ar ôl y geni yn yr ysbyty – doedd 'na neb rili'n dod i tsiecio arna i, ac ro'n i'n teimlo'n reit unig ac ofnus. Fi'n cofio meddwl pa mor wallgo oedd e, fod fy nghorff i newydd fod drwy rywbeth mor *insane* a fod yna ddim gofal ar ôl y geni.

Rhywbeth oedd yn ychwanegu at y stres oedd teimlo bod angen ateb negeseuon pawb. O'n i wir yn teimlo 'mod i ar fy ffôn drwy'r amser, a phobl isie gweld lluniau a fideos. O'n i'n teimlo'n ddrwg am beidio ateb pobl, yn enwedig os oedden nhw wedi rhoi presantau ac ati. Rhwng Twitter, Facebook, WhatsApp a phopeth arall, roedd e'n ormod. Odd cadw pawb *up to date* yn teimlo fel job llawn-amser, ac roedd e'n fy rhwystro i rhag jyst enjoio eiliadau bach fel o'n nhw'n digwydd.

· · ✤ ✤ ✩ ✤ ✤ · ·

Dwi'n caru fy merch fwy na dim byd arall yn y byd. Ti'n caru dy ŵr, dy deulu, ond does 'na'm byd yn dy baratoi di am y cariad sy gen ti at dy blentyn.

Yr emosiwn cyntaf dwi'n ei gofio ydi'r rhyddhad ei bod hi wedi crio, wedi cyrraedd, a bod bob dim i'w weld yn iawn. Ro'n i wedi paratoi fy hun am dipyn o waith caled i'w chael hi i fwydo a ballu, ond ddigwyddodd bob dim mor naturiol efo'r babi'n latsio 'mlaen a sugno'n syth.

Dwi'm yn meddwl i fi gael y teimlad o gariad llethol; fyswn i'n deud mai 'bodlon' ydi'r gair sy'n disgrifio sut ro'n i'n teimlo orau. Ro'n i'n teimlo bod y tri ohonon ni mewn rhyw fybl bach, er bod gymaint o bobl o'n cwmpas ni. Dwi hefyd yn cofio teimlo'n reit smyg 'mod i newydd gael babi ar ôl bod ofn credu bod yna fabi iach ar y ffordd drwy gydol y beichiogrwydd.

I fi, roedd y cyfnod yn dilyn y geni yn waeth na'r enedigaeth ei hun. 'Nes i golli dros litr o waed, a 'nes i orfod mynd i'r theatr i gael pwythau at y *third degree tears*. Er na nath o'm brifo, dwi'n cofio meddwl eu bod nhw'n reit ryff efo fi. Roedd o'n teimlo fel amser hir i fod yn gorwedd yno, a ro'n i'n reit bryderus 'mod i'n colli amser gwerthfawr a phwysig efo fy merch.

Y rhan fwyaf emosiynol o'r holl brofiad i fi oedd pan ddoth y teulu agos i'n gweld ni ryw hanner awr ar ôl i fi ddod 'nôl i'r ward. Nath y teimlad fy llorio i – eu gweld nhw wedi cynhyrfu ac yn llawn emosiwn. 'Nes i hefyd deimlo'r fath gyfrifoldeb 'mod i wedi creu rhywbeth oedd am roi gymaint o hapusrwydd iddyn nhw, a 'mod i wedi newid deinameg y teulu yn llwyr.

Dwi'n cofio un o fy ffrindiau'n rhannu cyngor a deud wrtha i am drio rhoi 'chydig o *lipgloss* ac *eyeliner* 'mlaen cyn y lluniau cyntaf – ond ches i ddim cyfle, ac o'n, ro'n i'n edrych yn ddiawledig!

· · ✳ ✳ ✰ ✳ ✳ · ·

'Nes i gysgu am gwpwl o oria ar ôl iddi gael ei geni, a dwi'n cofio deffro'n teimlo'n reit afiach wrth sylweddoli 'mod i heb frwsio 'nannedd ers y dydd Gwener. Dwi'n dal i goho'r blas yn fy ngheg. O'n i jyst isio molchi, o'n i'n teimlo'n sgym! Gan 'mod i wedi cael epidiwral, odd genna i fag yn sownd i fi ar gyfer pi-pi a ballu, a dwi'n cofio'u begio nhw i dynnu'r bag 'ma i fi gael molchi. Ella 'mod i wedi gofyn yn rhy fuan achos y noson wedyn, o'n i jyst methu rheoli fy nghorff o gwbwl a 'nes i bi-pi'n gwely. Do'n i'm yn teimlo dim cywilydd o gwbwl dros neud, sy'n sein arall 'mod i'n dal yn *high* ar drygs!

· · ✦ ✴ ☆ ✴ ✦ · ·

D wi 'rioed 'di bod mor falch o gael cawod yn fy mywyd. O'n i'n teimlo gymaint gwell ar ôl molchi a newid i bajamas clyd. Ro'n i'n teimlo fel hen ddynes, ac yn cerdded o gwmpas y lle fatha un hefyd. Dwi'n cofio mynd i siop ar fy ffordd adre o'r ysbyty i nôl cwpwl o betha gan ei bod hi'n Ddolig, a rili stryglo. O edrych 'nôl, mae'n reit nyts 'mod i 'di mynd.

Os ydw i'n onest, 'nes i gyffroi fwy'n dod yn fodryb am y tro cynta na bod yn fam. Mae pawb yn sôn am y cariad anhygoel 'ma, ond 'nes i'm 'i deimlo fo. Mae'r babi bron yn flwydd rŵan, a dwi'n dal ddim yn siŵr 'mod i'n ei deimlo fo, ond dwi'n gwybod ei fod o yna.

· · ✦ ✴ ☆ ✴ ✦ · ·

R oedd camu mewn i'r NICU am y tro cyntaf yn brofiad dychrynllyd. Ystafell yn llawn o fabis bach ofnadw o dost, pob un mewn rhes ar hyd dwy wal mewn *incubators*, gyda nyrs yn cofnodi pob anadliad. Larymau'n canu a goleuadau'n fflachio – roedd e fel camu mewn i long ofod. Roedden ni'n gwybod mai'r unig ffordd fydden ni'n gadael yn fuan fyddai hebddi, felly roedden ni'n gweddïo am gael bod yno'n hir. Sai wir yn cofio'i gweld hi am y tro cyntaf, fi jyst yn cofio'r nyrs yn dweud, 'Mae hi'n beth fach mor bert, jyst yn fach iawn, iawn.' Es i 'nôl i'w gweld hi gwpwl o oriau wedyn, a dyna'r mwya trist fi erioed wedi teimlo'n fy mywyd. Ro'n i jyst ffaelu peidio llefen. Roedd pawb yn ceisio gwneud i ni deimlo'n well drwy ddweud pethau fel 'un dydd ar y tro' a 'ry'n ni'n gweddïo drostoch chi'. Ro'n i'n ei chael hi'n anodd clywed y brawddegau hyn gan eu bod yn awgrymu fod siawns yn ffactor mawr wrth benderfynu a fyddai hi'n byw neu beidio. Es i ati i chwilio am straeon â diweddglo hapus ar y we o fabis wedi eu geni'n ddau ddeg tri wythnos, ond doedd dim.

Bob dydd, bydden ni'n cerdded i'r NICU gyda'n calonnau yn ein gyddfau wrth feddwl pa newyddion oedd yn aros amdanon ni. Roedd yna adegau pan oedden ni'n edrych arni a meddwl nad oedd unrhyw obaith iddi, roedd hi jyst rhy fach a'r brwydrau'n rhy fawr. Ges i bron fy mhrofi'n iawn ac fe aethon nhw â ni i'r ystafell dawel a dweud ei bod hi'n rhoi'r gorau i frwydro, ond dim ond ein herian ni oedd hi, diolch byth.

Wrth i'r wythnosau fynd heibio, a gyda babis bach yn marw o'n cwmpas, fe glywon ni'n hunain yn dechrau dweud 'pan ddaw hi gartre' yn hytrach nag 'os daw hi'. Roedden ni'n dathlu a mwynhau pob carreg filltir – fel ei photel gyntaf a'r bath cyntaf.

Mae bod mewn NICU yn brofiad swreal. Dydych chi byth eisie bod mewn un, ond os ydych chi'n ddigon ffodus i adael un gyda'ch babi, mae yna ryw dristwch rhyfedd yn dod drostoch chi. Gorfod ffarwelio â'r bobl 'ma sydd wedi cadw'ch babi'n fyw *against all odds*; pobl chi wedi dod i'w caru mewn ffordd. Ry'ch chi wedi rhannu gymaint gyda nhw; wedi llefen dagrau o lawenydd a thristwch, wedi aros lan drwy'r nos yn siarad â nhw a chreu bond arbennig iawn.

· · ✧ ✦ ☆ ✦ ✧ · ·

Ar ôl poeni am gymaint o bethau, beth nath fy nharo i oedd pa mor normal oedd pob dim yn teimlo, fatha bod gafael yn y babi yma ac edrych ar ei hôl hi y peth mwya naturiol yn y byd.

· · ✧ ✦ ☆ ✦ ✧ · ·

peth i'ch cynnal chi yn y dyddiau cyntaf

1. Coke OER a choffi cry'.

2. Bwyd hangofyr.

3. Eich hoff *playlists* cerddoriaeth ar lŵp.

4. Gwely glân a phajamas cyfforddus.

5. *Painkillers* CRYF.

6. *Tea tree oil* i'r holl faths poeth.

7. Colur a *dry shampoo*.

8. Papur toilet moist.

9. Eich hoff bersawr (achos mi fyddwch chi'n drewi 'chydig bach).

10. GWIN.

cyrraedd adref

Doedd y daith adref o'r ysbyty ddim yn un hawdd – roedd y ddau ohonan ni'n panicio ei bod hi'n iawn yn y cefn. Nath fy ngŵr ddeud ei fod o'n teimlo fatha'i fod o ar ei brawf gyrru, dyna pa mor *tense* oedd o. Unrhyw fymp yn y ffordd a fysan ni'n poeni bod ei phen hi am ddisgyn ffwrdd!

Ro'n i'n ei chael hi'n anodd ymlacio yn ystod y nosweithiau cyntaf – yn poeni'n ofnadwy ei bod hi am stopio anadlu yng nghanol y nos.

· · ✦ ✸ ☆ ✸ ✦ · ·

Roedd hi mor braf derbyn gymaint o help gan deulu, ffrindiau a bydwragedd. Hynny ac unrhyw gyngor oedd gan unrhyw un – ro'n i'n teimlo'n reit desbret am arweiniad. Doedd gen i ddim syniad be o'n i'n ei neud, a dwi'n cofio crio a chrynu tra o'n i'n newid clwt am 'mod i'n poeni 'mod i'm yn ei neud yn iawn. Ro'n i mor nerfus, ac roedd y noson gynta'n reit sgêri. Ro'n i hefyd mor, mor flinedig, ond doedd y babi ddim yn stopio crio ac roedd hi'n gwrthod setlo.

Dwi'n cofio unwaith bod isio mynd i dŷ Mam a Dad i gael help, ond yr eiliad rois i'r babi yn y car, dyma hi'n dechrau sgrechian crio, felly 'nes i fethu mynd. Gan 'mod i'n byw mewn ardal wledig yn reit bell o bob man, ro'n i'n teimlo'n gaeth i'r tŷ, efo nunlle call i allu mynd am dro yn agos chwaith.

· · ✦ ✸ ☆ ✸ ✦ · ·

O'n i gymaint isio ymlacio ar y soffa yn gwylio ffilmiau, bwyta popcorn a chysgu, ond doedd 'na'm llonydd i'w gael! Oedd o'n crio, a fi oedd efo'r bŵbs, felly fi oedd o angen. O'n i hefyd yn reit *anxious* am bob dim – ydi hi'n rhy boeth yma? Yn rhy oer? Ydi o'n anadlu? Ydi o isio bwyd eto? Ar ba fŵb nath o fwydo ddwytha, y dde neu'r chwith?

· · ✦ ✸ ☆ ✸ ✦ · ·

Dwi'n cofio teimlo ar goll. Gan 'mod i 'di arfer efo prysurdeb gwaith, roedd bod mewn grwpiau efo rhyw ddynes wyllt yn dawnsio o'n blaenau ni, neu adref yn *puree*-io afal yn deimlad bisâr a dwi'n cofio meddwl, 'di hyn ddim yn fi.

· · ✳ ✳ ☆ ✳ ✳ · ·

O'n i 'di cyffroi gymaint i fod gatre. Naethon ni hel llwyth o snacs a bob dim oedd ei angen arnon ni o ran clytiau ac ati a jyst aros yn yr ystafell wely am noson a diwrnod. Odd e fel bod mewn cocŵn bach hapus. Nath fy ngŵr i bicnic bach i fi o'r holl fwyd o'n i ffaelu ei fwyta tra o'n i'n feichiog, a fi jyst yn cofio gorwedd efo'r babi rhyngthon ni yn meddwl, mae hyn mor lysh.

Fi'n cofio bod y nosweithiau cyntaf mor anodd achos roedd hi jyst yn sgrechen, a dodd dim llaeth 'da fi. O edrych 'nôl, ddylen i fod wedi rhoi potel iddi achos dodd hi ddim yn cael bwyd.

Dath Google yn 'bach o obsesiwn – bydden i'n chwilio am bopeth. Odd e'n gyrru fi'n nyts ac yn gwneud i fi deimlo'n rili isel. Cwestiynau twp fel 'When should she sleep?' a 'How can I get her to sleep?' neu 'Am I breastfeeding correctly?' yn ddiddiwedd. Roedd darllen straeon delfrydol a sylwadau am beth ddylen i fod yn ei wneud yn gwneud i fi deimlo fel methiant. O'n i'n cymryd lot gormod o sylw o bob dim o'n i'n ei ddarllen. So fe'n iach cael gymaint o wybodaeth randym pan y'ch chi mor fregus. Yr oll oedd ei angen arna i oedd siarad ag ymwelydd iechyd neu Mam. Ma fe'n drist pa mor paranoid a phryderus es i, jyst achos 'mod i'n darllen crap ar y we.

· · ✳ ✳ ☆ ✳ ✳ · ·

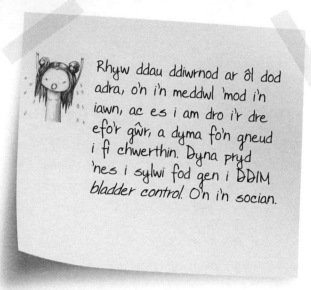

Rhyw ddau ddiwrnod ar ôl dod adra, o'n i'n meddwl 'mod i'n iawn, ac es i am dro i'r dre efo'r gŵr, a dyma fo'n gneud i fi chwerthin. Dyna pryd 'nes i sylwi fod gen i DDIM bladder control. O'n i'n socian.

Dyma pryd aeth petha 'chydig yn od i fi. Mae 'na hapus, a mae 'na HAPUS. Ro'n i'n hollol *hyperactive*. Dwi 'rioed 'di teimlo mor *high* â hynna yn fy mywyd. Roedd yr egni oedd genna i yn wallgo. Ro'n i'n glanhau, yn sortio cypyrdda, yn addurno'r tŷ, yn sgwrsio non-stop dros wefannau cymdeithasol, ac roedd 'na bob math o syniadau creadigol yn bownsio o gwmpas fy mhen. O'n i'n methu cysgu, a do'n i ddim yn stopio siarad. Roedd fy ngŵr, fy ffrindiau agos a fy nheulu yn poeni, ac erbyn cael help meddygol, ddaethon ni i ddallt 'mod i'n cal *hypomanic episode*. Ges i gyffuriau reit gry' i ddod â 'nhraed 'nôl ar y ddaear. 'Nes i ddim mwynhau'r *come-down* ond mae o'n brofiad sydd wedi dysgu gymaint i fi.

Fydda i'n gallu deud wrth fy merch mewn blynyddoedd i ddod, 'Pan gest ti dy eni, 'nes i ddisgyn mewn cariad mor gryf, nath o 'ngyrru i'n nyts!' Er 'mod i'n gallu chwerthin am y peth heddiw, fedra i'm pwysleisio gormod pa mor bwysig ydi hi i ofyn am help os ydach chi'n dioddef o unrhyw anhwylder meddwl ar ôl y geni. Mae'r ymennydd yn organ fel pob un arall – a weithia mae angen meddyginiaeth i wella rhywbeth sydd o'i le. Mae'n bechod fod yna gymaint o stigma ynghlwm â salwch meddwl – rhywbeth sydd mor gyffredin a thu hwnt i'n rheolaeth ni. Dim gwendid ydi o, ond gwyddoniaeth.

Does genna i ddim amheuaeth mai cyfuniad o golli'r holl waed a diffyg cwsg nath achosi i fi gael yr *episode* yma. Do'n i erioed wedi profi dim byd tebyg cyn cael y babi, a dydi o ddim wedi digwydd ers hynny chwaith. Be sy'n beryg ydi fod arbenigwyr yn awyddus i'ch labelu os oes 'na rywbeth fel hyn yn digwydd i chi. Mae labelu yn gallu bod yn beryg. Petai 'na amser/ cyllid, fysa'n bosib i'r doctoriaid edrych yn fanwl ar bob achos yn unigol, achos 'dan ni i gyd mor wahanol. Dwi'n siŵr eu bod nhw wedi meddwl 'mod i'n fwy nyts nag o'n i gan eu bod nhw ddim yn fy nabod. Doedd ganddyn nhw ddim syniad beth oedd yn 'normal' i fi (gair dwi'n ei gasáu).

Ers i hyn ddigwydd, dwi'n trio edrych ar ôl fy hun 'chydig yn well. Dwi'n bendant wedi dysgu bod diffyg cwsg, neu newid i batrymau cwsg, yn gallu creu problemau i fi. Mae'r pethau diflas i gyd wedi helpu i 'nghadw i'n iach – bwyta'n dda, ymarfer corff, dim gormod o alcohol, cysgu.

Y peth gwaetha pan mae rhywbeth fel hyn yn digwydd i chi ydi'r gorfeddwl. Gan fod 'na rywbeth wedi digwydd i'ch ymennydd yn hytrach nag unrhyw organ arall, mae'n hawdd trio dadansoddi (gormod) PAM bod hyn wedi digwydd i chi, yn lle jyst derbyn eich bod chi wedi cael anhwylder, wedi gwella, a wedyn symud ymlaen. Dwi'n teimlo fel fi fy hun ers amser hir iawn rŵan, a dwi'n benderfynol o beidio dwelio gormod ar yr un *episode* yma.

Odd e mor lysh dod adre. 'Nes i lyfo'r pythefnos cyntaf gyda'r ymwelwyr yn dod ag anrhegion a bwyd – roedd e'n teimlo'n *magical*, a bob dim yn newydd a chyffrous.

Fi ddim yn meddwl ges i'r don o gariad 'na nes 'mod i wedi bod gatre ers cwpwl o ddyddie, a fi'n cofio eistedd ar y soffa gyda'r babi mewn tawelwch, a nath e fwrw fi faint o'n i'n ei garu e.

Nath yr *honeymoon period* orffen yn reit sydyn ar ôl rhyw bythefnos – 'na pryd ddechreuodd y *novelty* rwbio bant. Mae'r adrenalin yn arafu, a ti'n sylweddoli pa mor nacyrd wyt ti. Nath e 'nharo i'n eitha caled 'mod i adre ar ben fy hun ar ôl i'r gŵr fynd yn ôl i weithio. Doedd e jyst ddim yn teimlo fel hwyl dim mwy. Aeth y babi drwy gyfnod o lefen yn solet rhwng pedwar a chwech bob prynhawn, a bydde fe'n stopio yr eiliad bydde fy ngŵr yn cyrraedd adref o'r gwaith. Roedd hwnna'n gneud i fi deimlo'n gymaint o fethiant. Ac mae sŵn babi'n llefen *non-stop* yn artaith i wrando arno fe. O'n i'n teimlo 'mod i'n colli'r plot go iawn ar un pwynt. 'Nes i ddychryn fy hun yn cydio ynddo fe a gweiddi 'Be sy'n bod?!' yn rili uchel. O'n i'n teimlo'n ofnadwy ar ôl 'ny. O'n i wir yn meddwl bod y babi'n trial fy weindo i lan weithie, mas o sbeit. Yn amlwg doedd e ddim, ond dyna sut o'n i'n teimlo.

· · ✦ ✦ ☆ ✦ ✦ · ·

'Nes i hitio *low point* tua chwe wythnos ar ôl y geni, pan aethon ni am drip bach i'r de. Doedd y babi ddim yn stopio crio, a dwi'n cofio eistedd ar fainc efo llwyth o wenyn o'n cwmpas ni, a fi mewn trans llwyr yn meddwl, fydd rhaid i fi jyst adael i hein bigo ni, bydd. Mae'n cymryd amser i'r blinder hitio weithia, ac mae'n werth cofio mai marathon, dim sbrint, ydi'r busnes magu 'ma! Dwi'n cofio mwynhau drinc tu allan i dafarn efo fy nheulu bach gwpwl o ddyddiau ar ôl geni yn hollol hapus fy myd (a 'chydig bach yn smyg). Doedd 'na'm byd 'di 'nharo i ar y pryd. Nath hi ddatblygu colic reit ddrwg, a rodd 'na gyfnodau pan odd raid i fi ei phasio hi i'r gŵr achos do'n i jyst ddim yn gallu ymdopi efo'r holl grio. Fysa hi'n gallu crio am gwpwl o oriau ar y tro, a doedd dim byd o'n i'n gallu neud i helpu'r sefyllfa. Doedd mynd i grwpiau a ballu ddim help, efo lot o famau'n rhoi'r argraff eu bod nhw'n hwylio drwy'r holl beth.

· · ✳ ✱ ⭐ ✱ ✳ · ·

D wi ddim yn cofio'r noson gyntaf gartref, felly yn amlwg, doedd o ddim yn brofiad gwael. Ar yr ail neu'r drydedd noson nath y babi gymryd yn erbyn y *Moses basket*. Naethon ni ddefnyddio potel ddŵr poeth a dillad efo fy arogl i arnyn nhw, a nath hynny'r tric.

Roedden ni'n lwcus iawn i gael babi oedd yn cysgu pedair i bump awr ar y tro o'r cychwyn cyntaf. 'Nes i orfod ei deffro hi unwaith ar ôl iddi fod yn cysgu am ryw bump awr yn yr ysbyty gan fod y fydwraig yn deud bod angen bwyd arni. Dwi'n cofio meddwl – mae hi'n chwarter wedi un y bore, oes rhaid ei deffro hi?!

O'n i'n sobor o anghyffforddus yn ystod y dyddiau cyntaf, ond ro'n i wedi paratoi fy hun yn feddyliol at hyn, felly do'n i'n disgwyl dim gwahanol. O edrych 'nôl a siarad mwy efo ffrindiau, dwi'n sylweddoli 'mod i wedi cael 'chydig o amser caled, ond ar y pryd 'dach chi jyst yn gyrru 'mlaen efo pethau. O'n i mor hapus ein bod ni'n deulu bach o dri – odd o'n rhoi bob dim arall mewn persbectif.

Yn yr wythnosau cyntaf, ro'n i'n teimlo fatha 'mod i fel pysgodyn aur mewn powlen efo pawb yn gwylio bob dim o'n i'n neud. Dwi'n gwybod rŵan mai cariad oedd yn gneud i bawb gadw llygad arna i, ond dwi'n cofio teimlo 'mod i jyst isio i bobl adael llonydd i fi. Roedd 'na lot o ffysian, oedd yn boen ar y dechrau. Roedd hi fel bod pawb o'r teulu agos isio darn o'r babi ac isio ei gweld hi o hyd.

· · ✳ ✱ ⭐ ✱ ✳ · ·

Y tair noson gyntaf adref oedd anoddaf, achos nath y babi ddim cysgu winc drwy'r nos. Doedd fy llefrith i heb gyrraedd, ond do'n i ddim yn gwybod ar y pryd mai dyna'r rheswm ei bod hi'n crio ac yn gwrthod setlo. Roedd yr holl beth mor newydd i fi a'r gŵr, doedd gennon ni ddim syniad beth oeddan ni'n ei wneud o'i le. I feddwl ein bod ni ddim yn cysgu, roeddan ni'n dal *on a high*, dwi'n meddwl, o fod wedi cael babi iach. Roeddan ni'n bicro dros bob dim erbyn y drydedd noson, yn gweld bai ar ein gilydd. 'Nes i ddeffro'r bore wedyn a theimlo, *oh my God*, ma'n bŵbs i wedi dyblu mewn seis, ac o'n i'n gwybod bod y llefrith 'di cyrraedd, a nath hi gysgu'n grêt wedyn.

Dwi'n cofio bod yn flin pan fysa 'na fydwraig yn troi fyny'n gynnar – fel tasa hi'n fy mhrofi i weld o'n i'n dod i ben efo pethau neu beidio. Do'n i'm yn licio os o'n i'n dal yn fy mhajamas, achos o'n i'n teimlo'u bod nhw'n beirniadu. Roeddan nhw wastad isio mynd i'r toilet hefyd, a dwi'n dal i feddwl mai mynd i fusnesu ar stad y tŷ oeddan nhw!

· · ✦ ✹ ☆ ✹ ✦ · ·

Dwi wrth fy modd yn ei chael hi atan ni yn y gwely yn y bore, a dechrau pob diwrnod efo digon o fwytha a swsus! Mae gweld fy ngŵr efo hi wedi gneud i fi ei weld o mewn golau gwahanol, a'i garu o hyd yn oed yn fwy. Fyswn i'n gallu eistedd yn edrych arnyn nhw am oriau.

'Nes i dorri lawr pan ddoth y fydwraig i 'ngweld i ddeuddydd ar ôl dod adra, achos do'n i heb gael bron dim cwsg, ac ro'n i wedi bod yn bwydo bob awr yn ystod y nos. Dwi'n cofio poeni fyswn i byth yn brydlon i nunlle eto. Roedd gadael y tŷ a chael bob dim yn barod yn achosi i fi chwysu a mynd yn hollol *stressed*. Mae pethau'n mynd yn haws, diolch byth!

· · ✶ ✴ ☆ ✴ ✶ · ·

Pan ddaeth hi'n amser gadael yr ysbyty a'r NICU roedd e mor od; ar un llaw ry'ch chi'n sgipio'n llawen mas drwy'r drws, ond ar y llaw arall mae'n ddiwedd cyfnod. Y cyfnod gorau a'r gwaethaf erioed. Ry'ch chi'n edrych i fyw llygaid y bobl hyn, eich arwyr, ac yn rhannu gwefr na allwch chi fyth mo'i rhoi mewn geiriau.

Nawr ry'n ni gartref ac yn edrych tua'r dyfodol. Er ei bod hi'n bwysig edrych 'nôl a gwerthfawrogi pa mor ffodus y'n ni, edrych 'mlaen sy'n bwysig nawr. Ry'n ni'n nacyrd, ac mewn cariad â hi, ac yn ddiolchgar. Mor, mor ddiolchgar.

· · ✶ ✴ ☆ ✴ ✶ · ·

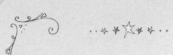

(10) peth i gymryd mantais arnyn nhw ar ôl cyrraedd adref

① Pobl yn cynnig siopa bwyd i chi – waeth i chi ofyn am randym trîts fatha Ferrero Rocher a *smoked salmon*.

② Yr esgus i agor potel o Prosecco efo pob ymwelydd 'arbennig'.

③ Aros yn eich pajamas drwy'r dydd.

④ Bwyta cacen i frecwast heb neb yn eich beirniadu.

⑤ Mynnu bath bybls poeth am 10 y bore.

⑥ Gadael i rywun arall wneud yr holl olchi llestri/dillad (jobs cachu).

⑦ Mynd am nap hir unryw awr o'r dydd.

⑧ Gofyn am *foot massage* gan eich partner – nawn nhw ddim meiddio gwrthod.

⑨ Gadael i bobl goginio i chi.

⑩ Bod yn *diva* anodd delio efo hi (fydd pawb yn dal yn neis efo chi).

efeilliaid

Ches i ddim beichiogrwydd hawdd efo'r efeilliaid, ac o'n i'n ôl a 'mlaen i Lerpwl o hyd. 'Nes i gasáu'r beichiogrwydd i gyd, deud y gwir, yn enwedig o weld fy ffrindiau i gyd yn cael beichiogrwydd hawdd a chwbwl ddidrafferth. Ond mae 'na wastad risg uwch efo cario efeilliaid ac roedd yn rhaid i fi dderbyn hynny.

Gan fod fy efeilliaid i wedi cael eu geni'n gynnar, dyddiau ansicr a llawn poendod oedd y dyddiau cyntaf hynny. *C-section* ges i, a llun yn unig o'r ddau ges i'r noson gyntaf gan fod un ar *ventilator* a'r llall ar CPAP. Dwi'n cofio beichio crio yn gweld y lluniau achos eu bod nhw mor hyll! Ond y pethau yn eu trwynau oedd yn gneud iddyn nhw edrych felly, diolch byth! Dwi hefyd yn cofio cael fy rhoi ar ward ar ôl y *C-section* yn llawn mamau efo'u babis newydd. Doedd hynny ddim yn brofiad braf; dydw i ddim yn berson cenfigennus o gwbwl ond ro'n i'r adeg hynny, ac yn ystod y ddau fis o orfod mynd yn ôl ac ymlaen i'r ysbyty.

O edrych yn ôl, mae 'na gymaint o heriau yn wynebu rhywun sy'n cael efeilliaid, ond ar y pryd, do'n i ddim yn ymwybodol o hynny gan mai dyma'r tro cyntaf i fi fod yn fam, felly do'n i ddim yn gwybod yn wahanol. Mae'n rhaid ei fod o'n waith caled achos 'nes i benderfynu mynd yn ôl i 'ngwaith yn llawn amser pan oeddan nhw'n chwe mis oed, gan fod gweithio'n haws na bod adra efo nhw!

Dwi hefyd yn cofio treulio oriau'n dreifio'r car, er mwyn cael brêc a gweld rhywbeth gwahanol i bedair wal y tŷ. 'Nes i ddim boddran mynd i lawer o ddosbarthiadau babis chwaith, achos roedd gadael y tŷ a pharatoi bob dim yn gallu cymryd awr neu fwy, a doedd gen i ddim 'mynadd i feddwl am fwydo'r ddau yn gyhoeddus – er mai efo potel oedd hynny – a gadael i un sgrechian crio tra oedd y llall yn cael ei fwydo. Dyna un o'r anfanteision sylfaenol o gael efeilliaid – dau ohonyn nhw ac un ohona i. Ro'n i'n methu mynd i *baby massage* na dosbarthiadau nofio efo nhw; roedd angen dau berson i neud hynny. Ond wedi deud hynny, dwi'm yn teimlo 'mod i na nhw wedi colli allan ar ddim byd.

Ro'n i'n lwcus iawn o help fy mhartner yn y nos. Roedd o'n cymryd y babi 'da' ac ro'n i'n cymryd y babi 'drwg'(!) er ei fod o'n gweithio'n llawn amser. Ro'n i'n cymryd y ddau weithia yn ystod y misoedd cyntaf hefyd, a do'n i'n llythrennol ddim yn cysgu winc drwy'r nos. Unwaith roedd un wedi gorffen potel, roedd y llall isio un; unwaith roedd un yn crio, roedd y llall yn dechrau sgrechian; unwaith roedd un yn gneud pw, roedd y llall yn llenwi'i glwt hefyd! Ond roedd y ddau yn cysgu yn eu gwlâu drwy'r nos yn chwe mis oed, sy'n dangos ella fod rwtîn yn bwysig iawn os ydach chi'n cael efeilliaid, a bod gadael iddyn nhw grio weithia yn beth da.

Dwi'n cofio'r nyrs yn yr uned gofal dwys i fabanod yn fy annog i i roi dymi i'r efeilliaid er mwyn eu dysgu nhw i sugno. Nath hi gymryd at y dymi'n syth ond doedd ganddo fo ddim diddordeb. Hi oedd y babi mwyaf bodlon ar ôl i ni ddod â'r ddau adra, achos ro'n i'n gallu stwffio dymi yn ei cheg hi iddi gael cysur tra o'n i'n rhoi bwyd i'r llall. Dwi ddim yn meddwl 'swn i 'di gallu magu'r ddau heb ddymi, deud y gwir!

· · ✦ ✦ ✩ ✦ ✦ · ·

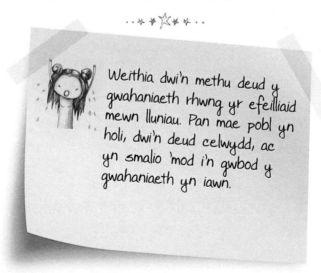

Weithia dwi'n methu deud y gwahaniaeth rhwng yr efeilliaid mewn lluniau. Pan mae pobl yn holi, dwi'n deud celwydd, ac yn smalio 'mod i'n gwbod y gwahaniaeth yn iawn.

Be oedd yn anodd oedd fod y ddau isio dy sylw di o hyd, ac ro'n i wastad yn teimlo'n euog eu bod nhw'n gorfod bodloni ar hanner y sylw oeddan nhw'n ei haeddu. Ar yr adegau prin o'n i'n cael cwmni dim ond un, oedd o'n deimlad mor braf cael yr amser yna i allu gneud petha'n iawn, un i un.

Ar y dechra, roedd yr holl brofiad o fagu efeilliaid jyst yn *relentless*. Roeddan nhw'n bwydo bob dwy awr a hanner, felly erbyn rhoi potel i un, wedyn y llall, newid clytiau a delio efo gwynt, roedd 'na ryw hanner awr nes fysa'r holl beth angen ei neud eto.

Dwi jyst mor lwcus 'mod i'm yn rhiant sengl. Roedd hi'n amlwg yn job i'r ddau ohonan ni i'w rhoi nhw lawr bob nos, ac roedd hi mor anodd os oedd 'na un yn gwrthod setlo, neu'n crio – fysa fo'n amharu ar y llall. Yn aml, roeddan ni'n gneud shiffts yn ystod y nos – pump awr yr un fel ein bod ni'n cael rhywfaint o gwsg a brêc – neu fysan ni 'di colli'r plot!

Erbyn hyn maen nhw'n cysgu'n reit dda, ond o edrych 'nôl ar y cyfnod cynta 'na o fod fyny yn y nos efo nhw, dwi rili ddim yn gwybod sut naethon ni o. Roedd o'n dorcalonnus ar adega. Dwi'n cofio bod fy hun efo nhw drwy'r nos am y tro cynta, pan oeddan nhw'n dal i ddeffro i fwydo, yn teimlo 'mod i 'di cal fy ngwthio reit at fy *limit*.

Roedd jyst gadael y tŷ i fynd i grwpiau gwahanol yn hunllef efo'r holl stwff, a dwy sêt car – ond 'nes i byth ddifaru mynd. Ro'n i angen mynd allan o'r tŷ neu fysa bob diwrnod yr un fath. Mae siopa bwyd yn gallu bod yn anodd hefyd achos does 'na ddim *double trolleys* yn bob man. Dwi 'di gorfod siopa efo pram a basged a mynd 'nôl a 'mlaen at droli wag yn *customer service*, sy'n cymryd hydoedd! Dwi'n gweld petha dipyn haws ers i'r ddau ddechra cerdded. O'n i'n dioddef o broblemau cefn a hernia ers y beichiogrwydd, felly doedd cario'r ddau o le i le ddim yn gneud unrhyw les i fi.

Roeddan ni'n prynu napis yn eu cannoedd! Roedd hi'n haws genna i brynu mewn bylc gan ein bod ni angen gymaint. Fyswn i'n trio bod yn drefnus efo bwyd hefyd, yn cwcio llwyth a'i rewi o. O ran dillad, roedd y ddau yn gwisgo meintiau gwahanol, oedd yn niwsans. Fysa 'na lot o bobl yn prynu dillad union yr un fath iddyn nhw, a ro'n i'n gorfod mynd ag un 'nôl i'r siop bob tro. Yn un, doedd o'm yn ffitio, ac yn ail ro'n i am iddyn nhw wisgo'n wahanol i'w gilydd o'r dechrau. Dwi isio i bobl eu gweld nhw fel dau unigolyn yn hytrach nag fel efeilliaid. Mae'r sylw 'dach chi'n ei gael wrth wthio efeilliaid o gwmpas yn anhygoel. Mae'n gallu bod yn beth braf, ond mae'n gallu bod yn ormod weithia, yn enwedig os ydi o'n deffro'r babis yn y pram!

Un o'r pethau sy'n fy ngwylltio i a'r gŵr fwyaf ydi pobl sydd efo un plentyn yn cymharu eu sefyllfa efo'n un ni, ac yn trio cynnig cyngor. Os 'dach chi heb fyw drwy'r profiad o fagu efeilliaid, does gennych chi ddim syniad am be 'dach chi'n sôn. Dydi'ch profiad chi ddim byd tebyg i'n profiad ni.

Fyswn i'n licio cyfarfod mwy o rieni efeilliaid i rannu profiadau a theimladau. Mae'n gallu teimlo'n reit unig fod 'na neb yn deall eich sefyllfa chi. Dydi cael efeilliaid ddim yn ddewis personol, mae o jyst yn rhywbeth sydd yn digwydd i chi.

Rydan ni mor lwcus a diolchgar am gefnogaeth teulu a ffrindiau, achos mae hi hefyd yn joban ddrud. Rydach chi angen dwbwl o bob dim yn amlwg, a thalu ddwywaith am ofal plant ar un tâl mamolaeth. Mae'n gallu bod yn heriol. Dwi'n trio bod yn drefnus efo dillad a ballu er mwyn gallu eu gwerthu nhw 'mlaen. Fydda i'n bendant ddim eu hangen nhw eto!

Mae hi wedi bod yn anodd cael pobl i warchod, yn enwedig ar y dechra. Does yna neb erioed wedi gwarchod y ddau drwy'r dydd a'r nos i ni, a 'dan ni'n deall pam – mae'n ormod i'w ofyn. Dydan ni ddim yn licio'r syniad o'u gwahanu nhw i gael eu gwarchod am sawl rheswm, ond yn bennaf fysan ni'n gorfod defnyddio'n gwarchodwyr prin ni ddwywaith a methu gofyn iddyn nhw am dipyn wedyn.

Un plentyn oeddan ni isio os ydan ni'n hollol onest. Nath hi gymryd dipyn i ni ddod dros y sioc 'mod i'n disgwyl dau, a wedyn derbyn y peth. Erbyn hyn, dwi'n meddwl fod y ddau ohonan ni'n gweld y peth fel *blessing in disguise*, achos mewn rhyw flwyddyn neu ddwy arall dwi'n siŵr nawn ni weld petha'n haws wrth iddyn nhw ddod i ddiddanu ei gilydd. Rydan ni wedi cael teulu cyflawn dros nos, bron, a fyddan nhw wastad yn gwmni i'w gilydd.

Roedd yna adegau pan oedd y ddau ohonan ni'n poeni bod ein perthynas ni wedi dioddef gormod, ac y bysan ni'n well ar wahân. Erbyn hyn, 'dan ni'n dau'n teimlo fod yr holl brofiad wedi'n gneud ni'n gryfach fel cwpwl.

Un peth sy'n bwysig iawn i ni ydi'n bod ni'n cal brêc bob yn hyn a hyn, jyst ni'n dau. Dwi'n gwybod fod 'na lot yn ein beirniadu ni am hyn, ond eto heb fod wedi cael efeilliaid eu hunain sgynnon nhw ddim clem sut 'dan ni'n teimlo. Roedd yn rhaid i ni gael yr amser yma jyst er mwyn gallu cario 'mlaen.

Fysan ni wrth ein boddau'n ploncio efeilliaid newydd eu geni yng nghartrefi rhai o'n ffrindiau am wythnos iddyn nhw gael blas go iawn o betha!

· · ✦ ✦ ✦ ☆ ✦ ✦ ✦ · ·

Mae 'na rywun o gwmpas am hygs a swsus pryd bynnag dach chi isio nhw – a does 'na'm digon i'w cael.

(10) peth i beidio â'u dweud wrth rieni efeilliaid newydd

(1) Oes ganddyn nhw bersonoliaethau gwahanol?
Ymm, na, ma'r ddau yn cachu, crio a chysgu 'run fath.

(2) Ydyn nhw'n *identical*?
Na, mae gen un bidlan a sgen y llall ddim.

(3) Waw, sut ti'n ymdopi efo dau?
Dydw i ddim, dwi'n crio a stresio LOT.

(4) Fydd o'n mynd yn haws pan fyddan nhw'n mynd yn hŷn, sti, fyddan nhw'n diddanu ei gilydd!
Dwi'm yn rhy siŵr, o leia dydyn nhw ddim yn medru brifo ei gilydd na ffraeo ar y funud.

(5) Ydi efeilliaid yn rhedeg yn y teulu?
Dwi'm yn gwybod, sgen i ddim coeden deulu fyny fy llawes.

(6) Faint o amser sydd rhwng y ddau?
45 eiliad a hanner.

(7) Ges i fabi deg pwys – fysa waeth imi fod wedi cael efeilliaid ddim!
Oedd yr efeilliaid yn pwyso cyfanswm o 12 pwys (heb anghofio'r plasenta 7.5 pwys).

(8) Mae cael dau o blant yn gymaint o waith, dydi?!
Eich dewis chi oedd cael dau, naethon ni ddim dewis cael efeilliaid.

(9) Nest ti lwyddo i fwydo'r ddau ohonyn nhw o'r fron?
Ych! Meindia dy fusnes!

(10) Ma'r ddau sy gen i mor agos o ran oed, dwi'n siŵr ei fod o'r un fath â chael efeilliaid!
Dydi o DDIM BYD TEBYG.

lawr fanna

Ro'n i wastad 'di licio sut oedd lawr fanna'n edrych. Dwi'n cofio poeni am y peth gan fod pawb yn deud petha fel: 'Fyddi di byth yr un peth lawr fanna wedyn, sti' (jyst be mae hogan isio'i glywed cyn gwthio twrci allan o'i ffani). Ro'n i'n poeni gymaint 'nes i'm edrych am tua mis. Am yr wythnos gynta roedd o'n teimlo fel gwyneb Quasimodo pan o'n i'n molchi yn y bath. Pan ddes i rownd i edrych dwi'n cofio teimlo rhyddhad ei fod o'n edrych yn iawn er bod 'na uffar o ogof fawr dywyll yna sy'n gneud sŵn gwynt yn chwythu pan dwi'n cerdded o le i le, ond dwi'n siŵr neith hwnna shrincio, gneith?!

Dwi'n cofio bod ofn pw-pw am y tro cynta'n ofnadwy, ond deud y gwir, roedd y pi-pi'n brifo'n waeth. Roedd hi'n anodd sychu'r pen-ôl, felly ro'n i'n ei chael yn haws gneud yn y *bidet* yn y 'sbyty efo dŵr oer yn rhedeg dros eich bits yr un pryd. Dwi'n dal heb edrych sut siâp sydd ar bethau ers y geni bron i chwe mis yn ôl – dwi ofn gneud!

Dwi 'di clywed ei bod hi'n cymryd pum mlynedd i'r corff fynd yn ôl i normal ar ôl geni. Dwi'n licio meddwl am lawr fanna fel hosan – cyn cael babi, mae'r hosan yn ffresh ac yn lân, ac yn ffitio ar eich troed chi'n dynn neis, ond ar ôl cael babi mae o fel hosan sydd heb gael ei golchi am ddeuddydd, a 'dach chi'n dal i'w gwisgo hi, er ei bod hi 'chydig yn llac ... 'dach chi'n gwybod be dwi'n feddwl?!

· · ✤ ✦ ☆ ✦ ✤ · ·

*R*uined! Nath fy mhwythau doddi'n rhy sydyn, a 'ngadael i efo *open wound* reit fawr, ac felly gymerodd hi dair wythnos i fi allu eistedd yn iawn. Ges i *haemorrhoids* hefyd, ac o ganlyniad i'r holl stres ges i *herpes*. Coctel a hanner! 'Nes i erioed ddeall pwysigrwydd y *pelvic floor exercises* chwaith, felly sgenna i ddim lot o reolaeth erbyn hyn. Mae'r babi'n bum mis oed rŵan, a'r diwrnod o'r blaen 'nes i biso fy hun ar ôl i fy chwaer gracio jôc. *New low* i fi, yn 32 oed.

· · ✤ ✦ ☆ ✦ ✤ · ·

*D*wi'n cofio cael cynnig *suppositories* gan 'mod i mor *constipated* a meddwl, sut allwch chi gynnig y ffasiwn beth? Dwi'n poeni digon am gael rhywbeth yn dod allan o'r twll heb sôn am stwffio rhywbeth i fyny yna! O'n i'n dychmygu fysa'r pw cynta yn fy rhwygo i'n agored eto gan 'mod i wedi cael 'chydig o bwythau. *Low point* fy mywyd priodasol o bosib ydi dangos clot gwaed ar pad i fy ngŵr i weld oedd o'n meddwl ddylwn i ei ddangos o i'r fydwraig. Dwi'n meddwl fod petha 'chydig fwy llac lawr fanna rŵan, achos dwi'n gallu defnyddio Tampax heb broblem ers geni, a do'n i ddim cynt.

· · ✤ ✦ ☆ ✦ ✤ · ·

Ges i *constipation* mor ddrwg odd rhaid i fi roi 'mysedd lan 'na i helpu'r pw ddod mas.

Fi 'di colli lot o'n *bladder control*. Mae'r babi bron yn ddwy, a fi dal ddim yn hyderus wrth wneud *star jumps* (nid 'mod i'n eu gwneud nhw'n aml). Os ydw i'n tisian neu'n chwerthin lot – mae pi-pi ar y nics.

O'n i wir ofn y pw cynta. 'Nes i ddim rili bwyta'n iawn am y dyddie cyntaf er 'mod i'n starfo, jyst am 'mod i ofn mynd i'r toilet. Odd y teimlad o wthio yn atgoffa fi gyment o'r enedigaeth. Odd e'n dod â'r holl arswyd 'nôl. O'n i'n teimlo mor sori dros fy hunan gan fod yr hunllef yn parhau ar ôl dod drwy'r enedigaeth. Yn gorfforol, ro'n i'n teimlo fel llanast llwyr. O'n i'n meddwl 'mod i wedi torri – na fydden i byth fel o'n i cynt, byth yn cael orgasm eto, byth yn cael pw normal ... Mae bywyd mor annheg i fenywod!

Rhywbeth arall roddodd ychydig o sioc i fi odd darn o'r plasenta'n dod mas cwpwl o ddyddie ar ôl dod adref. Odd e seis *chicken fillet*. O'n i'n teimlo 'mod i 'di geni babi arall, roedd e'n ofnadw. Es i â fe mewn *tupperware* at y doctor; 'na beth yw anrheg fach neis!

Ges i *second degree tears* a 'nes i orfod edrych lawr 'na achos odd e'n teimlo fel 'se popeth yn cwmpo mas. Fi ddim yn un o'r bobl 'na sy'n edrych ar eu bits, felly sai'n siŵr sut ma fe fod i edrych, ond o'n i'n itha siŵr fod e ddim i fod edrych fel 'na! Odd gen i eitha obsesiwn 'da cadw fe'n lân i osgoi *infection* a fi'n cofio bod â jwg yn y gawod yn arllwys dŵr dros fy *vagina* a wedyn ei sychu 'da sychwr gwallt. Fi'n chwerthin wrth feddwl am y peth nawr. Pampro fy *vag*! Ges i ffisio yn y diwedd – rhyw fath o driniaeth laser oedd yn helpu popeth i wella'n gynt.

· · ✤ ✱ ✩ ✱ ✤ · ·

Sgenna chdi jyst ddim syniad beth sy 'di digwydd lawr yna, nag oes? Ac mae 'na ran ohona chdi sy isio edrych, ond ti jyst ofn achos ma'n rhy sgêri. Dwi'n cofio bod yn paranoid y baswn i'n piso fy hun, felly o'n i angen toilet yn agos i fi o hyd ar y dechra. Odd o jyst yn teimlo 'di chwyddo'n ofnadwy, fatha 'mod i'n cerdded o gwmpas efo balŵn rhwng fy nghoesa. O'n i'n hollol ymwybodol o'r peth 24/7. Dwi'n cofio poeni y byswn i'n cael *infection* yna, felly o'n i'n mynnu agor fy nghoesa i bob bydwraig oedd yn galw.

· · ✤ ✱ ✩ ✱ ✤ · ·

Roedd genna i *haemorrhoids* drwg ar ôl yr enedigaeth, ac yn anffodus, ro'n i'n methu defnyddio gormod o grîm tuag ato fo gan fod craith y pwythau yn agos iawn at y pen-ôl. Ar y pryd, peils oedd y peth ola o'n i'n poeni amdanyn nhw yn yr ardal yna, ond maen nhw'n dal genna i rŵan a dwi'n difaru peidio'u trin nhw'n gynt.

Un peth do'n i ddim wedi ei ddisgwyl oedd pa mor hir a pa mor drwm ti'n gwaedu ar ôl y geni. Ddes i adref efo un paced o *maternity pads* a deall reit sydyn fod hyn ddim yn ddigon o bell ffordd. Mae'r *pads* mor drwchus hefyd, mae fel gwisgo napi am wythnosau.

O'n i'n edrych lawr fanna yn y drych bob dydd, fi a tua ugain gweithiwr iechyd proffesiynol! Ges i ffisio ar gyfer cyhyrau'r pen-ôl a'r *vagina* gan 'mod i 'di rhwygo. Ma 'na beryg o fynd yn *bladder and bowel incontinent* ar ôl rhwygo mor ddrwg â 'nes i, felly roedd y ffisio yn bwysig iawn. Fysan nhw'n fy archwilio i'n fewnol i weld sut oedd y cyhyrau'n gallu gwasgu eu bysedd – y ddau dwll. Dwi'n gorfod chwerthin wrth feddwl am y peth, yn enwedig gan eu bod nhw wastad yn mynnu rhoi shît o bapur i fi cyn dechrau fy archwilio efo bob math o dŵls – fatha 'mod i'n poeni am guddio fy mhiwbs pan o'n i'n codi 'nghoesau yn yr awyr i rywun stwffio'i bys fyny 'nhwll tin i! Dwi'n meddwl mai trio arbed fy urddas oeddan nhw, ond roedd hwnnw wedi hen fynd erbyn hynny.

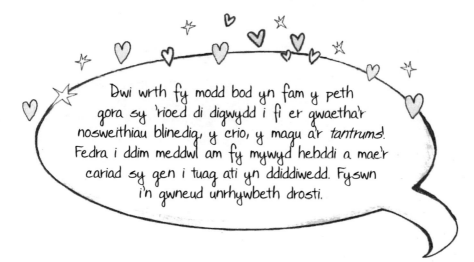

⑩ ffaith am lawr fanna ar ôl y geni

① Mae tua 50% o ferched angen pwythau ar ôl y geni, ond ddylai cael y pwythau ddim brifo (*every cloud* ...).

② Os ydi pi-pi yn boenus ar y dechrau, trïwch arllwys dŵr cynnes ar eich bits wrth wneud.

③ 40% ydi'r ganran ohonan ni sy'n pi-pi'n nics ar ryw bwynt ar ôl y geni; y *pelvic floor muscles* ydi'r bai, ond peidiwch â phoeni, nawn nhw dynhau eto.

④ Mae'n cymryd saith i ddeg diwrnod i bethau wella, ond mae'n gallu bod yn boenus am ychydig wythnosau, felly sticiwch at y drygs a pheidiwch â'i gor-wneud hi.

⑤ Unwaith mae'r babi yma, mae lefelau estrogen y corff yn gostwng, sy'n achosi i bethau fod yn sych a thyner. Felly na, dydan ni ddim yn barod am secs.

⑥ Mae dynion fel arfer yn methu teimlo'r gwahaniaeth o gwbwl. Twll 'di twll yn y tywyllwch iddyn nhw.

⑦ Mae pethau'n gallu teimlo'n feddalach ac yn fwy llac ac agored ar ôl y geni, ac wedi chwyddo a chleisio.

⑧ Mae 'na sawl un yn cael *infection*, felly gwnewch yn siŵr eich bod yn cadw pethau'n lân a'ch bod chi'n gadael i'r fydwraig eich archwilio os oes unrhyw gonsýrn.

⑨ Er mor ddiflas ydyn nhw, mae gwneud eich *pelvic floor exercises* ar ôl y geni'n helpu pethau i wella a mynd 'nôl fel roedden nhw.

⑩ Dydi gwisgo thongs a nicyrs ffansi yn syth ar ôl y geni ddim yn syniad da – sbwyliwch eich hun drwy brynu nicyrs fysa'ch nain chi'n eu gwisgo. Newch chi ddim difaru.

bwydo

Ges i gefnogaeth anhygoel o'r cychwyn cyntaf yn yr ysbyty gyda bwydo. Oedd e'n anodd am o leiaf pythefnos achos ges i drafferth ei dysgu hi sut i latsio 'mlaen yn iawn. Fi'n cofio meddwl, fi 'di trial am ormod o amser i stopio nawr, ma raid i fi gario 'mlaen, ma raid iddo fe weithio. O'n i eisie'i wneud am ei fod e'n haws ac yn tsiepach. Fi ddim yn credu ei fod e wedi'n helpu i i glosio at y babi, o'n i'n gwneud hynny mwy jyst drwy chwarae a bod gyda hi. 'Nes i fwydo o'r fron yn ecsgliwsif am ryw dri mis, wedyn 'nes i gyflwyno potel a gwneud y ddau. O'n i 'di cael llond bol o fod yr unig un oedd yn gallu rhoi bwyd iddi, a gorfod gwisgo pethau ymarferol i fwydo o hyd. O'n i hefyd mor hapus i ffarwelio â'r *breast pads* a'r bras *unflattering* sy'n gwneud i ti deimlo mor *un-ladylike* a crap am dy hunan.

· · ✦ ✦ ☆ ✦ ✦ · ·

Ges i'r gofal a'r cymorth mwya ffantastig i fwydo fy hun yn yr ysbyty, oedd yn hwb mawr.

Ro'n i'n awyddus i fwydo fy hun, ond roedd o'n anodd ar y dechrau gan fod lefelau siwgr y babi'n isel, ac roedd rhaid iddi gael ei bwydo drwy drip. Ro'n i'n trio pwmpio llaeth er mwyn i fi ddechra'i gynhyrchu o ond doedd o ddim yn hawdd. Dwi'n meddwl fod bwydo fy hun wedi fy helpu i i fondio efo fy merch. Roedd o'n brofiad reit arbennig, hyd yn oed y deffro yn y nos ar y dechrau – o'n i'n mwynhau ein hamser tawel ni efo'n gilydd a'r agosatrwydd ro'n i'n ei deimlo. Er, nath y *novelty* o fwydo yn y nos ddiflannu'n reit sydyn ar ôl rhyw fis neu ddau.

Roedd bwydo'n brifo am y chwe wythnos gyntaf, ac mae unrhyw un sy'n deud yn wahanol angen ei ysgwyd! Dwi'n cofio rhywun yn deud wrtha i am rwbio fy *nipples* efo brwsh dannedd yn y gawod am gwpwl o wythnosau cyn cael babi, i'w paratoi nhw! Ges i *mastitis* ar un pwynt hefyd, oedd mor boenus. Ar ben y boen oedd o'n teimlo fel fod gen i ffliw; cyfuniad hollol afiach. Roedd bwydo drwy'r boen yna yn ofnadwy o heriol.

'Nes i fwydo am bum mis a hanner yn y diwedd, ond roedd yn rhaid i fi stopio achos o'n i'n teimlo'i bod hi jyst isio bwyd o hyd a nath yr holl beth ddechrau 'nghael i lawr. 'Nes i roi potel iddi o'r dechrau fel ei bod hi'n arfer efo'r ddau, ac er mwyn i 'ngŵr allu ei bwydo efo fy llaeth i wedi ei ecsbresio dros y penwythnos. Fyswn i'n rhoi fformiwla iddi weithia hefyd. Os o'n i'n mynd i rywle lle fyswn i'n teimlo'n anghyffordus yn cael y bŵbs allan, fyswn i'n mynd â photel a charton bach o fformiwla parod efo fi.

· · ❄ ✱ ☆ ✱ ❄ · ·

Lanolin. Os ydach chi am fwydo o'r fron, lanolin fydd eich ffrind gorau. I fi, diolch i'r stwff yma, doedd bwydo o'r fron ddim yn rhy boenus. 'Nes i ddefnyddio *nipple shield* unwaith achos bod y croen wedi rhwygo rhywfaint – grêt o beth. Dwi'n cofio dychryn unwaith wrth fwydo, achos doedd 'na neb wedi'n rhybuddio i fod yr ochr 'dach chi ddim yn bwydo arni yn gollwng llaeth tra 'dach chi'n bwydo o'r llall. Ges i sawl socsan. Dwi ddim yn licio pobl sy'n beirniadu eraill am beidio bwydo, a dwi'n casáu'r ffaith fod yna bobl sy'n meddwl ei bod hi'n iawn i ofyn 'Ydach chi'n bwydo'ch hun?' Dydi o'n ddim o fusnes neb arall beth 'dach chi'n penderfynu neud. Dwi'n cofio meddwl, os ydw i'n stryglo i fwydo a rhywun yn gofyn y cwestiwn yna i fi, dwi am ddeud wrthyn nhw'n blwmp ac yn blaen, 'Na, ma'n *nipple* dde i'n amrwd, a ma'r un chwith yn gwaedu; 'dach chi isio gweld?'

· · ❄ ✱ ☆ ✱ ❄ · ·

Ges i gymaint o amheuon am y busnes bwydo fy hun, achos 'nes i rili stryglo efo fo. Hira'n y byd ro'n i'n stryglo, mwya penderfynol o'n i i gario 'mlaen, fel bod yr holl boen ei werth o yn y diwedd. Ddoth o'n haws, a ro'n i'n falch 'mod I'n gneud achos roedd y babi'n deffro gymaint yn y nos, roedd hi lot haws rhoi bŵb iddo fo na pharatoi potel.

I fi, roedd y bwydo'n anoddach na'r geni. Roedd o'n ddiddiwedd. Fyswn i'n ei fwydo fo weithia dair i bedair gwaith mewn awr gan 'mod i'm yn siŵr oedd o'n cael digon. Roedd o'n fy nefnyddio i fel dymi, dwi'n gwybod hynny, felly roedd 'na fai arna i am adael iddo fo neud.

Roedd 'na elfennau o'r bwydo 'nes i rili fwynhau. O'n i'n licio mai *fi* oedd o angen, a'n bod ni'n cael yr holl amser arbennig yna efo'n gilydd.

· · ✦ ✳ ☆ ✳ ✦ · ·

Ro'n i wastad yn gwybod 'mod i isio bwydo o'r fron. Er hyn, ro'n i hefyd wedi gneud y penderfyniad y byswn i'n troi at fformiwla yn syth tasa bwydo fy hun yn achosi unrhyw fath o stres i fi neu'r babi. Dwi 'di gweld lot o ffrindiau'n dioddef am fisoedd, yn benderfynol o gario 'mlaen, a do'n i ddim am roi fy hun drwy hynny.

Ro'n i'n teimlo 'chydig o bwysau gan Mam i fwydo fy hun. Roedd hi'n deud pethau fel, 'Ti jyst yn ei neud o, dwyt?' a 'Dyna be 'nes i'. Ges i gompliment annisgwyl gan fy mam yng nghyfraith hefyd wrth iddi droi ata i a deud, 'Mae gen ti *nipples* da.' Rhywbeth do'n i 'rioed 'di dychmygu ei chlywed hi'n deud!

Os dwi'n hollol onest, y peth dwi'n ei gael anoddaf am fwydo ydi 'mod i'n methu yfed lot o alcohol. Dwi awydd drinc mwy rŵan na pan o'n i'n disgwyl. Hefyd, dwi'n meddwl fod yna brinder dewis o ddillad *quirky*, tlws i ferched sy'n nyrsio sydd wedi colli pwysau ar ôl y geni. Dwi'n methu ffeindio dim byd sy'n ffitio, felly dwi'n teimlo 'mod i wedi colli fy steil a'r opsiwn i roi fy stamp fy hun ar owtffit. Mae hyn yn reit rhwystredig achos dwi ddim yn teimlo fel fi. Dwi'n gwybod 'mod i'n fam, ond dwi ddim isio edrych fel un!

Dwi'n mwynhau rhyddid bwydo o'r fron, achos dwi ddim yn berson trefnus iawn, felly yr unig beth sy'n rhaid i fi ei gofio ydi fi fy hun. Sgen i ddim problem efo bwydo'n gyhoeddus o gwbwl. Ro'n i'n benderfynol o'r

cychwyn 'mod i ddim am fynd i stafell arall i fwydo. Dwi 'di clywed gan
ambell i ffrind bod eu partneriaid nhw wedi synnu 'mod i'n bwydo o'u
blaen. Gath fy mrawd 'chydig o fraw ar y dechrau hefyd – dwi'n ei gofio
fo'n gweiddi, 'Yyy, dwi newydd weld *nipple* ti!'

Dwi'n ofnadwy o paranoid 'mod i'n drewi o laeth. Mae 'na ambell un
wedi deud eu bod nhw'n gallu arogli llaeth ar y babi, a dwi'n methu clywed
yr arogl. Ydi hyn yn golygu 'mod i'n arogli yr un fath?!

· · ✿ ✦ ☆ ✦ ✿ · ·

'Na i fyth anghofio agor y
drws ffrynt tra o'n i ar ganol
ecsbresio yn disgwyl gweld
fy ffrind gorau. Y postmon
oedd yno efo parsel. Nath o
adael heb ofyn am lofnod y
diwrnod hwnnw.

'Nes i fwydo o'r fron am wyth mis a fyswn i'n deud mai hwn oedd cyfnod mwya hudolus fy mywyd. Fo nath *self-wean*-io felly dyna pam 'nes i stopio, neu fyswn i 'di cario 'mlaen tan oedd o'n flwydd. Fyswn i'n ecsbresio cyn yr adegau prin o'n i'n mynd allan am 'chydig o oria gyda'r nos. O'n i'n mwynhau ecsbresio hefyd, ro'n i'n hoffi gweld fy nghorff i'n gweithio a gweld yr hyn ro'n i'n ei greu.

$$\cdot\cdot\ast\ \ast\ \star\ \ast\ \ast\cdot\cdot$$

Dwi'n bwydo fy hun, ac wedi teimlo ar adegau fod 'na rai pobl yn meddwl ei fod o'n beth afiach, *embarassing* i'w wneud. A hefyd, ma 'na gymaint o drafod am y ffaith fod babis yn cysgu'n well ar ôl cael potel, a'i bod hi'n anodd gwybod ydi'ch babi chi'n cael digon o fwyd os ydach chi'n bwydo'ch hun. Dwi 'di cael pobl yn mynnu mai isio bwyd ma'r babi os ydi o'n crio, sy'n awgrymu 'mod i ddim yn rhoi digon iddo fo.

Do'n i'm yn licio'r syniad o fwydo o flaen pobl ar y dechrau, ac ro'n i hyd yn oed yn mynd i guddio mewn toilet os o'n i mewn lle cyhoeddus. Nath hyn wella efo amser wrth i fi arfer a dod yn fwy hyderus.

$$\cdot\cdot\ast\ \ast\ \star\ \ast\ \ast\cdot\cdot$$

I fi, roedd 'na ddiffyg cefnogaeth, arweiniad ac anogaeth i fronfwydo unwaith o'n i gartref. Weithia, ti angen rhywun i ddeud, 'Caria 'mlaen, ti'n gneud yn wych. 'Nes i deimlo fel rhoi'r gorau iddi llwyth o weithia. Mae 'na adegau dwi wir yn mwynhau bwydo, ac mae'r cysylltiad i'w deimlo mor gry'. Ond dwi'n dal i gal trafferth rŵan, efo'r babi'n dod on ac off y bŵb – sy'n dal i allu bod yn boenus. Roedd hi hefyd yn dal i ddeffro bob awr o'r nos weithia, yn bum mis oed, a dwi wedi cwestiynu ai bwydo ydi'r peth gora i fi. Mam hapus, babi hapus ma'n nhw'n ei ddeud, 'de? Y broblem oedd, os o'n i i fyny drwy'r nos efo hi, o'n i'n methu bondio efo hi yn ystod y dydd achos ro'n i mor ddiamynedd gan 'mod i 'di blino gymaint. Dwi'm yn siŵr iawn pam 'mod i'n rhoi gymaint o bwysa arna i fy hun i gario 'mlaen i fwydo, ond dwi'n teimlo 'mod i 'di dod mor bell â hyn, felly waeth i fi ddal ati.

· · ✵ ✳ ☆ ✳ ✵ · ·

'Nes i deimlo dan lot o bwysau i fwydo fy hun o'r cychwyn cyntaf yn yr ysbyty. Er 'mod i wedi cael triniaeth ddifrifol ac yn teimlo'n hollol wan, roedd y bydwragedd yn mynnu 'mod i'n trio bwydo, a bob un ohonyn nhw efo cyngor gwahanol am sut i neud. Ro'n i wrthi'n bwydo am oriau heb help ar un pwynt, ddim yn siŵr o'n i'n neud yn iawn neu beidio. Ar ôl galw am help deirgwaith a chael fy anwybyddu, 'nes i orfod dringo dros y bariau ar ochr fy ngwely i fynd i chwilio am help achos do'n i ddim isio gwasgu'r botwm am y pedwerydd tro! O'n i'n hollol *pissed off* achos o'n i'n gallu eu clywed nhw'n gosipio, felly yn amlwg doedden nhw ddim yn rhy brysur i ddod i'n helpu i.

'Nes i ddal ati i fwydo am bump wythnos anodd iawn. Fysa hi'n gwrthod cysgu, 'mond mewn sling arna i, tra o'n i'n sefyll. Yr eiliad fyswn i'n gorwedd, fysa hi'n deffro. Os o'n i'n cychwyn bwydo wedyn tua naw o'r gloch y nos, fyswn i'n dal wrthi am naw y bore. Y patrwm oedd bwydo, cwympo i gysgu, ei rhoi hi lawr, a phum munud wedyn, codi eto isio mwy o fwyd – doedd hi byth yn cael digon. Dwi'n difaru peidio rhoi potel iddi'n gynt o waelod fy nghalon, ond nath yna'r un fydwraig, ymwelydd iechyd nac aelod o'r teulu awgrymu y dylwn i, felly ro'n i'n teimlo y byswn i'n siomi pawb drwy stopio. Ro'n i ofn hyd yn oed awgrymu'r peth. Roedd pawb yn meddwl mai colic oedd ar y babi, ac mai dyna pam roedd hi'n gwrthod cysgu, ac yn crio o hyd.

Erbyn y bumed wythnos ro'n i'n dechrau drysu, ac yn cwestiynu ai colic oedd o, gan fod dim yn gwella'r sefyllfa. 'Nes i drio ecsbresio a sylweddoli'n syth 'mod i ddim yn cynhyrchu llawer o laeth. Penderfynu rhoi potel iddi wedyn a gweld gymaint o wahaniaeth yn syth. Roedd y rhyddhad yn anferthol. Er hynny, doedd y babi'n dal ddim yn cysgu nac yn setlo'n hawdd – a dwi'n siŵr mai'r pump wythnos hunllefus yna sydd i'w beio am hyn. Dwi'n teimlo'i bod hi wedi colli'r cyfle i ddysgu sut i gysgu. Gath hi 'rioed unrhyw batrwm. Fyswn i'n deud wrth unrhyw un sy'n gweld bwydo'u hunain yn anodd am ba bynnag reswm i newid i'r botel yn syth, heb deimlo'n euog. Dwi'n difaru gymaint na 'nes i'n gynt.

· · ✢ ✢ ☆ ✢ ✢ · ·

Ar y dechrau, ro'n i'n cael trafferth gwybod oedd o wedi latsio 'mlaen yn iawn. Oedd y bydwragedd wrth eu boddau'n gofyn 'Sut mae'r latsh?' a finna'n teimlo fel sgrechian, 'Ffricin poenus, dyna sut!' Ar ôl pedwar diwrnod yn bwydo, dwi'n cofio eistedd efo dwy gabatsien ar fy *nipples* achos roeddan nhw i fod i wella'r boen. Mae'n swnio'n sili rŵan, ond fyswn i wedi trio unrhyw beth. Ar ôl rhyw bythefnos, nath o stopio brifo.

Er hyn, roedd o isio bwyd mor aml nes o'n i'n teimlo fel peiriant godro, felly naethon ni benderfynu y byse fy ngŵr yn rhoi ffid am ddeg y nos o lefrith wedi ei ecsbresio i'r babi fel 'mod i'n gallu cysgu. 'Nes i fwydo efo llefrith y fron am dri mis a wedyn newid i fformiwla gan 'mod i'n teimlo fod gen i ddim amser rhydd o gwbwl. Oedd yr ecsbresio yn ormod o waith caled, a fyswn i wedi taflu'r peiriant allan o'r ffenest tase'n rhaid i fi wrando ar y grwnian annifyr yna am funud yn fwy! Newid i boteli oedd y peth gorau wnaethon ni. O'r diwedd, roeddan ni'n gallu rhannu'r shiffts nos. Fysa fy ngŵr yn gneud tair noson yr wythnos, a fi'n gneud pedair.

· · ✢ ✢ ☆ ✢ ✢ · ·

Ro'n i wedi gneud y penderfyniad o flaen llaw 'mod i ddim am fwydo fy hun. Do'n i'm yn gyfforddus hefo'r syniad o'r cychwyn, felly ro'n i wedi prynu'r poteli, *sterilizers* a phowdwr yn barod. Ges i'm llawer o bwysau gan y fydwraig yn ystod y beichiogrwydd, gan 'mod i'n glir o'r cychwyn fod bwydo ddim i fi. Er hyn, ges i 'chydig o bwysau yn yr ysbyty. Gath y babi ei roi arnaf yn syth i fwydo, ac i fod yn onest, ro'n i mewn cymaint o sioc 'nes i *go with the flow* am ddiwrnod. Dwi'n cofio gorwedd yn yr ysbyty yn brifo drostaf, yn gwybod bod y babi ddim yn latsio 'mlaen yn iawn a'i fod yn llwgu.

Ar ôl gwrando arno'n crio am ryw awr, 'nes i'r penderfyniad i roi potel iddo. Yn anffodus, roedd raid i fi ddioddef sesiwn efo'r nyrs yn trio'i gorau i gael y babi i latsio 'mlaen gyntaf. Roedd y nyrs druan yn ôl a 'mlaen rhwng dwy ohonon ni ar y ward, ac ar ôl cael fy ngadael am hanner awr i drio eto, 'nes i golli 'nhymer wrth i nyrs arall awgrymu 'mod i'n trio ecsbresio. Rois i un edrychiad iddi a mynnu, 'Dwi ddim yn gofyn am ganiatâd, dwi'n dweud wrthach chi 'mod i angen potel!' Ges i botel yn syth bìn wedyn! Dwi ddim yn difaru am funud rhoi potel iddo yn lle bwydo fy hun. Dwi'm yn meddwl ei fod o ar ei golled mewn unrhyw ffordd. Dyna oedd orau i ni ar y pryd.

·· ✦ ✴ ✩ ✴ ✦ ··

Roedd y syniad o fwydo fy hun wastad wedi troi arna i. 'Nes i'm teimlo bod neb wedi fy meirniadu i yn yr ysbyty, ond roedd o'n niwsans gorfod gofyn am botel bob tro, achos roedden nhw mor fach a 'mond un ar y tro roeddet ti'n gael. Fyswn i ddim wedi teimlo fel fi fy hun yn bwydo o'r fron. Do'n i ddim wedi disgwyl i'r brestiau chwyddo gymaint – dwi'n cofio tynnu'r bra a dychryn o weld dau felon anferth, poenus. 'Nes i'm gwasgu dim arnyn nhw, jyst gwisgo bra 24/7 efo pads am tua pedwar diwrnod.

Roedd 'na bethau am fwydo o botel oedd yn anodd hefyd – fel gwybod faint i'w roi. Weithia fysa'r babi'n ymddwyn fel ei fod o'n dal i lwgu ar ôl gorffen potel, felly fyswn i'n mynd 'nôl lawr grisiau i baratoi owns arall iddo fo. Hefyd, roedd 'na gymaint o reolau am pa mor hir i adael potel allan a ballu nes bod yr holl beth yn gallu teimlo'n reit *stressful*. Roedd 'na lot o wastraff fformiwla, oedd yn fy ngwylltio i gan ei fod o'n ddrud!

· · ✢ ✦ ☆ ✦ ✢ · ·

Yn yr ysbyty, nath 'na fydwraig fy ngweld i'n gwingo mewn poen, a dweud wrtho i na ddyle fe frifo gymaint, a dylen i roi potel iddo fe. Dwi'n cofio teimlo'n rili *gutted*, ond ro'n i mor fregus a dibrofiad 'nes i wrando'n syth. O'n i'n teimlo fel niwsans yn dweud gyment ro'n i moyn trial bwydo fy hun. Ddylen i fod wedi mynnu, ond 'nes i ddim – o'n i'n rhy wan i brotestio, felly 'nes i roi potel iddo.

O'n i'n galed iawn arna i fy hun am beidio bwydo o'r fron. O'n i'n teimlo fel methiant llwyr. Yr un peth amlwg mae pob mam i fod i'w wneud ac ro'n i 'di ffaelu. O'n i'n casáu'r teimlad fod unrhyw un yn gallu mynd ag e i'w setlo gyda photel – o'n i moyn iddo fod fy angen i. Fi'n cofio teimlo mor genfigennus o famau oedd yn cwyno bod eu babi nhw 'mond yn setlo iddyn nhw. Pan ddath y llaeth, roedd hi mor boenus cael gwared ag e. Bydde'r babi'n llefen a bydde llaeth yn tasgu mas o'r bŵbs!

· · ✢ ✦ ☆ ✦ ✢ · ·

Mae bwydo'n rhoi'r esgus perffaith i chi stopio beth bynnag 'dach chi'n neud a swatio efo'ch babi.

O'n i'n gwybod 'mod i ddim am fwydo fy hun. Mae'r syniad yn troi arnaf i, mae o wastad wedi. Mae'n anaeddfed am wn i, ond dyna sut dwi'n teimlo. 'Nes i hyd yn oed fynd â photeli efo fi i'r ysbyty achos o'n i ofn y bysan nhw'n trio fy ngorfodi i i fwydo o'r fron. O'n i'n dychmygu fy hun yn bwydo'r babi efo'r poteli yn y nos heb ddweud wrth neb, sydd jyst yn chwerthinllyd. Dwi'n cofio teimlo ar fy mwya bregus yn yr ysbyty, a fod yna lot o stigma o gwmpas yr holl beth. Ges i 'ngorfodi fwy neu lai i fwydo bron yn syth ar ôl y geni, ac o'n i'n meddwl, w, ma hyn yn hawdd, ond o'n i'n dal yn *high* ar y pryd. Dwi'n edmygu genod sy'n bwydo o'r fron ar ôl bod drwy enedigaeth anodd. Does genna i ddim esgus i beidio, rili, er, dim 'esgus' ydi'r gair chwaith, achos dwi 'di laru ar gyfiawnhau fy mhenderfyniad i beidio. O'n i'n teimlo bodiau 'nhraed yn cyrlio pan 'nes i drio gneud, ac roedd y syniad o boen ychwanegol i'r boen ro'n i ynddi hi'n barod am dair wythnos neu fwy yn ormod.

Dwi'n cofio'r bydwragedd yn dod i helpu, a fanna roeddan nhw'n *massage*-io'r bŵb a dwi'n cofio teimlo, 'di hyn jyst ddim yn fi. O'n i mor *tense* ac anghyfforddus. Fyswn i byth wedi sticio ati, achos do'n i rili ddim isio gneud. Ydi hi werth risgio mynd yn isel drosto fo? Na, bendant ddim. Eto, roedd 'na bobl fusneslyd yn gneud y sefyllfa'n waeth efo'r cwestiwn, 'Ti'n bwydo dy hun?' Doedd hyn yn gneud dim i helpu'r euogrwydd. Gath y babi dipyn o broblemau iechyd yn yr wythnosau cyntaf, oedd yn 'y ngneud i'n paranoid mai'r rheswm dros hyn oedd 'mod i ddim yn ei bwydo. Ro'n i'n teimlo'n waeth gan fod y rhan fwya o fy ffrindia'n bwydo'u hunain hefyd.

· · ✤ ✹ ☆ ✹ ✤ · ·

'Nes i benderfynu trio bwydo yn yr ysbyty efo'r agwedd – os ydi o'n gweithio, grêt, os ddim, 'dio'm ots. Dwi'n bendant ddim yn un o'r criw *Breast is Best*; dwi ddim yn smyg achos dwi ddim yn meddwl fod y peth yn *big deal*. Dwi'n meddwl ella mai dyna pam 'nes i lwyddo – achos 'mod i'n reit *chilled* am y peth, a heb roi pwysau arna i fy hun i neud. Nath 'na neb arall roi pwysau arna i i fwydo fy hun chwaith. Roedd o'n haws nag o'n i wedi meddwl fysa fo. Dwi'n cofio gorfod heipio fy hun fyny cyn y sugnad cynta am yr wythnosau cynta gan ei fod o'n brifo 'chydig, ond ro'n i'n iawn wedyn. Do'n i'm yn cîn ar y bydwragedd yn dod i edrych arna i'n bwydo – roedd o'n teimlo fatha prawf, oedd yn dipyn o bwysau ac yn reit *intimidating*.

Un peth oedd yn anodd efo bwydo fy hun oedd 'mod i byth yn siŵr oedd hi'n cael digon o fwyd, er, roedd y ffaith ei bod hi'n cael ei phwyso mor aml ac yn magu pwysau'n lleihau'r boen meddwl yna. Roedd bwydo yn y nos yn golygu dim stres achos fysa hi'n disgyn i gysgu ar y bŵb, a'r oll roedd rhaid i fi ei neud wedyn oedd ei rhoi hi'n ôl yn y fasged. Do'n i'm hyd yn oed yn deffro'n iawn unwaith ro'n i 'di arfer. Nath hyn weithio'n dda iawn i fi, achos dwi'n reit ddiog, a dwi'n methu dychmygu deffro yn y nos i fynd i sortio poteli a ballu.

'Nes i fwydo am flwyddyn i gyd, er i fi ei chyflwyno hi i fformiwla cyn ei rhoi hi lawr am y noson pan oedd hi'n wyth mis pan doedd hi'm yn cysgu cystal. O'n i'n poeni y bysa hi ddim yn cymryd at y botel a'r fformiwla, ond nath o'm achosi problem o gwbwl. Doedd 'na ddim gymaint o ffids yn ystod y dydd chwaith, gan ei bod hi'n dechra bwyta, felly 'mond un ffid foreol o'n i'n ei rhoi o'r fron yn y diwedd. O'n i'n gweld y ffid bora 'na fel yr esgus perffaith i gael chwarter awr arall yn gwely.

Anfantais bwydo ydi'ch bod chi'n methu gneud petha munud ola. Mae'n rhaid trefnu bob dim, yn enwedig yn ystod y chwe mis cynta. Dwi'n cofio mynd i briodas pan oedd y babi'n dri mis oed, a gorfod ecsbresio a rhewi digon o lefrith cyn mynd, wedyn gorfod ecsbresio yn ystod y dydd a'r nos – *pump and dump* yn y toilet, oedd ddim yn lot o hwyl.

· · ✤ ✻ ☆ ✻ ✤ · ·

Ro'n i'n poeni y bysa bwydo o'r fron yn cymryd fy mywyd drosodd wrth glywed mamau eraill yn deud eu bod wrthi bob cwpwl o oriau a weithia am dri chwarter awr neu fwy bob tro. Y gwir ydi, unwaith i fi arfer efo'r broses, ro'n i'n bwydo bron heb sylwi 'mod i'n gneud. Ro'n i'n mwynhau'r ffordd ro'n i'n gallu tawelu a setlo'r babi'n syth, a hynny heb godi o'r soffa.

Un peth oedd yn 'chydig o sioc oedd y boen wrth i'r llefrith ddod mewn. Mae'r babi'n sugno weithia am gwpwl o funudau, a wedyn 'na i deimlo poen sydd fel rhyw losg wrth i'r llefrith ddechrau dod allan – y *let down* maen nhw'n ei alw fo. Pris bach i'w dalu am beidio gorfod potsian efo poteli, eu cadw nhw'n lân a ballu, yn fy marn i.

· · ✦ ✦ ☆ ✦ ✦ · ·

⑤ mantais i fwydo o'r fron v.
⑤ mantais i fwydo o botel

Bwydo o'r fron

① Cael rhoi'ch traed i fyny yn aml am amser hir heb neb yn pwyntio bys. Bŵb yn ei wyneb = babi hapus.

② Gallu bod mor chwit-chwat â liciwch chi, ond 'dach chi byth yn anghofio'ch bŵbs wrth adael y tŷ.

③ Colli pwysau'n gynt a gorfod bwyta mwy. *Winning combo.*

④ Dydi pw babi sy'n bwydo o'r fron ddim yn drewi gymaint â pw fformiwla.

⑤ Efo'r holl bres newch chi safio, ellwch chi fynd am wylia i Barcelona. (Heb y babi.)

Bwydo o botel

① Osgoi teimlo fatha *porn star* ar *heat* yn chwipio'i bŵbs allan bob dau funud.

② Geith pobl eraill heblaw chi fwydo'r babi, yn enwedig yng nghanol y nos.

③ 'Dio'm bwys be 'dach chi'n ei fwyta na'i yfed. Madras chwilboeth a *six-pack* o Cobra oer, plis.

④ Dim pyrfyrts yn sbio arnach chi yn y caffi.

⑤ Neb yn hambygio'ch *nipples* chi am chwe mis a mwy (os nad ydi'ch partner chi'n rili *annoying*).

diffyg cwsg

Yn anffodus, dwi'n gyfarwydd iawn efo diffyg cwsg gan 'mod i heb gael cwsg iawn am flwyddyn gyfan. Hwn ydi'r artaith gwaethaf ERIOED. Diolch byth, 'dan ni 'di troi cornel ers iddo droi'n flwydd a 'mond poen dannedd sy'n ei ddeffro fo rŵan. Dwi'n cofio meddwl ei fod o byth am gysgu'n iawn i fi, ond cyfnod byr ydi bob dim wrth edrych 'nôl.

· · ✦ ✦ ☆ ✦ ✦ · ·

O'n i'n eitha licio'r cyfnod o ddeffro yn y nos, achos ro'n i'n ddigon blinedig i allu disgyn yn ôl i gysgu'n syth. Mae o bron yn flwydd rŵan, felly os ydi o'n deffro am ba bynnag reswm ganol nos, dwi'n ei chael hi'n anodd mynd 'nôl i gysgu. 'Nes i stopio rhoi ffid yn y nos iddo fo pan oedd o'n dri mis. Roedd o'n dal i ddeffro am 'chydig, ond fyswn i jyst yn ei gysuro fo a'i roi o'n ôl lawr. Es i'n ôl i'r gwaith ar ôl tri mis, felly roedd rhaid i'r deffro yn y nos stopio!

· · ✦ ✦ ☆ ✦ ✦ · ·

Dwi'n cofio bod wedi blino gymaint ar ôl bwydo fy merch ganol nos, 'nes i benderfynu pi-pi yn y bin gan fod gen i ddim egni i godi i'r toilet. Desperate times.

Ti jyst yn arfer efo'r diffyg cwsg, dwi'n meddwl. Dydi o'n dal ddim yn cysgu drwy'r nos a mae o bron yn flwydd a hanner. Mae o'n deffro tua un o'r gloch ac yn cael potel, ac eto rhwng pedwar a phump a geith o fwy o lefrith adeg hynny. Dwi'n meddwl fod y ffaith 'mod i 'di mynd 'nôl i'r gwaith ar ôl naw mis wedi gneud i fi fwynhau'r ffids yma'n y nos 'chydig bach gan ein bod ni'n cael amser gwerthfawr efo'n gilydd. 'Nes i fwydo o'r fron tan oedd o'n flwydd, ac ro'n i wrth fy modd ei fod o fy angen i yn ystod y nos. Mae pawb wedi deud wrthan ni jyst i adael iddo fo grio yn y nos, a 'dan ni wedi rhoi cynnig arni ond roeddan ni'n iwsles. Odd hi jyst mor horibl gwrando arno fo.

Yn ddiweddar 'dan ni 'di penderfynu dechrau trio am ail blentyn, felly mae 'ngŵr i 'di bod yn deffro yn y nos am y tair wythnos ddiwethaf – a dwi'n teimlo'n waeth gan 'mod i'n cysgu gymaint! Mae'n od sut mae'r corff yn addasu.

· · ✵ ✷ ☆ ✷ ✵ · ·

Aeth y babi drwy gyfnod o beidio cysgu'n dda o gwbwl. Ar y pryd, roedd hi'n teimlo fel fod babis pawb arall yn cysgu o saith tan saith, a fyswn i jyst methu dallt beth o'n i'n ei neud o'i le. Dwi'n cofio teimlo'n lot gwell ar ôl i hogan dwi'n ei nabod rannu erthygl am fabis sy'n methu cysgu ar Facebook, a gweld 'mod i ddim ar ben fy hun. O'n i'n arfer gorwedd am oes wrth y cot yn trio'i chael hi i gysgu, a trio sleifio o'r stafell heb iddi grio. O'n i'n *frustrated*, yn flin ac yn desbret isio iddi gysgu. Yn y diwedd, 'nes i ddechrau gadael iddi grio. Roedd hi'n afiach gwrando arni, ond nath o weithio'n y diwedd.

· · ✵ ✷ ☆ ✷ ✵ · ·

Gan 'mod i 'di dioddef gymaint yn ystod y beichiogrwydd, ro'n i'n cysgu'n well ar ôl i'r babi gyrraedd. Dwi'm yn siŵr 'nes i'r peth iawn, ond bob tro fysa hi'n deffro'n ystod y nos, fyswn i'n ei bwydo hi'n syth. Fyswn i weithia'n ei bwydo bedair gwaith mewn un noson. Ddoth y peth yn gymaint o arferiad nes do'n i'm yn sylweddoli 'mod i wedi deffro bron – ro'n i ar *autopilot*. Do'n i ddim yn gallu cofio faint o weithiau ro'n i wedi bwydo yn ystod y nos y bore wedyn.

Ro'n i reit lwcus achos dwi'n dda iawn am napio, felly fyswn i'n cysgu yn ystod y dydd yr un pryd â hi. Dwi'm yn gwybod sut fydda i os ga i fabi arall, achos y naps yma oedd yn fy nghadw i fynd. Dwi'n mynd mewn i fŵd uffernol os dwi'm yn cael digon o gwsg.

· · ✤ ✢ ☆ ✢ ✤ · ·

Roedd y diffyg cwsg yn anodd. Ro'n i'n arfer smalio cysgu pan oedd y babi'n llefen yn y nos yn y gobaith bydde 'ngŵr i'n rhoi potel iddo. Do'n i ddim yn disgwyl i'r broses fwydo yn y nos gymryd gymaint o amser. Rhwng y bwydo, y newid clwt a wedyn codi gwynt a'u setlo nhw, odd e'n gallu cymryd hyd at awr. Fi'n cofio'r teimlad o *dread* wrth edrych ar y cloc a sylweddoli cyn lleied o amser odd tan y ffid nesa. Odd y pwysau i fynd i gysgu yn fy nghadw i'n effro!

Mae'n nyts pa mor bell y galli di fynd ar adrenalin. Fi ffaelu credu wrth edrych 'nôl cyn lleied o gwsg roedden ni'n ei gael.

· · ✤ ✢ ☆ ✢ ✤ · ·

Dwi heb ddioddef lot o ddiffyg cwsg, ond mae'r blinder o ganlyniad i orfod canolbwyntio drwy'r dydd yn ddigon o her. Ro'n i'n ddrwg am gofio faint o amser oedd ers i fi fwydo ddwytha, ac ar ba bŵb. A gorfod gneud penderfyniadau fel: ddylwn i ei deffro hi rŵan i newid ei chlwt neu adael iddi gysgu? Roedd y meddwl yn mynd i *overdrive* wrth drio gweithio allan be oedd y peth gorau i'w neud o hyd. Dwi'n meddwl 'mod i'n blino gymaint mwy na fy ngŵr, ond mae hynny gan 'mod i'n dueddol o orfeddwl.

Pan mae pobl yn deud wrthach chi am gysgu pan mae'r babi'n cysgu, 'dach chi'n meddwl – ond mae gen i gant a mil o bethau ddylwn i fod yn eu gneud. 'Dan ni'n dueddol o deimlo'n euog am gysgu yn ystod y dydd a rhoi'n traed i fyny. Dwi o'r farn mai gneud dim byd weithia ydi'r peth mwya buddiol ellwch chi fod yn ei neud. Mae edrych ar ôl eich hun mor bwysig. Mae'n rhaid gostwng ein safonau weithia o ran gwaith tŷ ac ati, a gwrando ar ein cyrff.

O'n i'n Gaer yn siopa efo Mam ar ôl noson arall ddi-gwsg, ac yn sblasho allan yn Topshop i drio teimlo'n well. Estyn am fy mhwrs i'w roi ar y cownter, ond cyflwyno clwt budur yn ei le. O'n i 'di bod yn ei gario fo'n fy mag ers y diwrnod cynt.

Gan fod y babi isio bwydo mor aml ar y dechrau, do'n i'm yn cael dim cwsg bron, a dwi'n cofio'r fydwraig yn fy rhybuddio am y *baby blues*. Es i drwy gyfnod o grio drwy'r amser ac roedd fy ngŵr yn poeni'n ofnadwy 'mod i'n mynd yn isel. Y blinder oedd o'n fwy na dim. Mae diffyg cwsg yn gallu gneud i chi deimlo mor fregus.

· · ✤ ✦ ✬ ✦ ✤ · ·

Ges i sioc cyn lleied o gwsg ro'n i'n ei gael; rhyw ddwy awr y noson ar un pwynt. Dwi'n cofio gwylio teledu crap yng nghanol y nos, a theimlo rhyddhad mawr yn gweld yr haul yn codi am hanner awr wedi pedwar y bore gan fod yna noson arall drosodd. Ro'n i'n cael pyliau o feichio crio a theimlo trueni drosof fy hun, ond rhywsut ddes i drwyddi. I fi, roedd rhannu fy mhrofiadau yn onest efo ffrindiau yn help mawr.

Ro'n i hefyd yn aelod o fwy nag un parti canu ac yn mwynhau dianc i'r ymarferion. Er 'mod i wedi blino, mae'r dywediad 'a change is as good as a rest' mor wir. Roedd y normalrwydd mor hyfryd. Dwi'n cofio rhai'n dweud, 'Dwi'n siŵr ei bod hi'n anodd i ti adael y babi', a'r sioc ar eu hwynebau pan o'n i'n dweud yn onest 'mod i'n falch o gael dod o'r tŷ. Dwi'n teimlo'n aml fod rhai pobl yn meddwl 'mod i'n gor-ddweud ac yn bod yn ddramatig am y ffordd dwi'n teimlo a'r pethau dwi wedi eu profi – ond mae mor bwysig fod pawb yn sylweddoli fod pob babi mor wahanol i'w gilydd. Fysach chi'n gallu bod yn uffernol o lwcus a chael tri phlentyn *textbook* o'r cychwyn – dydi hynny ddim yn eich gwneud chi'n arbenigwr, achos dydach chi ddim yn gwybod am ddim gwahanol. Er 'mod i wedi casáu clywed pobl yn dweud, 'Cyfnod ydi o, cofia', a 'Mi bashith', mae o YN wir, diolch byth! Fyswn i wrth fy modd yn siarad efo mamau sydd wedi cael profiadau tebyg i fi. Dwi'n meddwl bod yna ddiffyg gonestrwydd gan lot o bobl – mae pawb ofn cyfaddef eu bod nhw'n gweld pethau'n anodd.

Mae cael y babi i setlo yn y nos yn gallu cymryd dwy awr a hanner. Mae hyn yn golygu 'mod i wastad ar binnau yr amser yma o'r dydd. Rydan ni wedi trio BOB DIM. Dwi'n gallu gweithio fy hun i fyny gymaint dros bethau, ac obsesiynu dros bethau, sydd ddim yn iach o gwbwl.

· · ✦ ✦ ✰ ✦ ✦ · ·

A r y pryd ma fe'n teimlo fel 'sech chi byth am gysgu drwy'r nos eto. *Phase* yw bob dim, a ma'r 'newborn nightmare stage', fel fi'n licio galw fe, yn rili fyr. Ma popeth yn pasio.

· · ✦ ✦ ✰ ✦ ✦ · ·

Pan ti'n eu rhoi nhw lawr i gysgu a ma nhw'n sgrechian fel fod y byd ar ben, ond wedyn mae'r wên ti'n gael pan ti'n eu nôl nhw o'r cot yn gneud i chdi ddisgyn mewn cariad efo nhw o'r newydd.

⑤ peth boncyrs wnaethoch chi o achos diffyg cwsg

① Pi-pi ar y soffa'n ganol nos yn meddwl eich bod chi ar y toilet.

② Rhoi clwt budur yn y ffrij.

③ Arllwys llaeth wedi ei ecsbresio ar eich Special K.

④ Gwisgo bra ar ben eich dillad heb sylwi am fore cyfan.

⑤ Dreifio o Tesco efo bag siopa a handbag ar do'r car.

newid clytiau

Do'n i erioed wedi newid napi cyn cael babi. Dwi'n cofio meddwl ei fod o'n andros o ffaff ar y dechrau, efo'r gwlân cotwm a'r dŵr cynnes. 'Nes i newid i weips reit handi. Weithia 'dach chi'n teimlo bod y cyngor sydd ar gael yn trio creu cymaint o waith ag sy'n bosib i chi.

. . ✦ ✦ ☆ ✦ ✦ . .

O'n i'n arfer gadael i'r babi grwydro'r tŷ heb napi i gael 'chydig o awyr iach! Ond unwaith ar ôl i fi droi 'nghefn am gwpwl o funudau, 'nes i droi rownd i weld ei bod hi ddim yn unig wedi cael pw, ond wedi penderfynu ei fwyta fo hefyd. Oedd o'n hollol afiach – oedd raid i fi drio cael y pw allan o'i cheg hi tra 'mod i'n cyfogi. Oedd o'n bob man – dros ei dwylo a'i gwyneb. O'n i'n *horrified*.

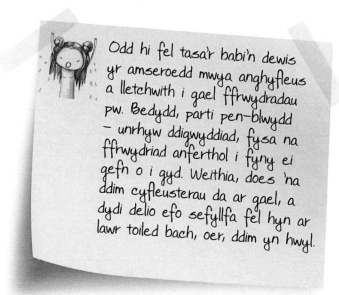

Odd hi fel tasa'r babi'n dewis yr amseroedd mwya anghyfleus a lletchwith i gael ffrwydradau pw. Bedydd, parti pen-blwydd – unrhyw ddigwyddiad, fysa na ffrwydriad anferthol i fyny ei gefn o i gyd. Weithia, does 'na ddim cyfleusterau da ar gael, a dydi delio efo sefyllfa fel hyn ar lawr toiled bach, oer, ddim yn hwyl.

Ar y cychwyn, pan oedd y babi'n deffro bob awr, roedd hi'n baeddu'i chlwt ar ôl pob ffid. Hefyd, bob tro ro'n i'n newid clwt, roedd hi'n ei faeddu eto'n syth. O'n i'n trio aros 'chydig bach cyn ei newid, ond ro'n i'n siŵr ei bod hi'n aros am un glân cyn gneud. Un noson, 'nes i orfod newid pedwar clwt mewn hanner awr!

Roedd hi hefyd yn cael pw gwlyb iawn. Roedd fy mhartner weithia'n newid clwt cyn mynd i'w waith, ac un tro, gafodd hi gymaint o ffrwydrad nes aeth o dros ei ddillad gwaith o i gyd. Gan fod ganddo ddim rhai glân, nath o jyst orfod rhoi weip a *spray* drosto a mynd i'w waith yn drewi o gachu a Lynx.

· · ✦ ✷ ☆ ✷ ✦ · ·

Odd fy ngŵr yn hollol *convinced* bod angen tynnu croen y bidlan 'nôl i folchi o dan y *foreskin* jyst am ei fod o'n gneud!

. . ✤ ✦ ☆ ✦ ✤ . .

Mam oedd wastad y gyntaf i neud rhyw sylwadau bach am sut oedd hi'n arfer gneud pethau'n wahanol i fi a gofyn cwestiynau *loaded* fel, 'Ti'm am ei neud o fel hyn?' Felly ges i LOT o bleser yn ei gweld hi'n newid clwt y babi am y tro cyntaf a gorfod defnyddio pedwar clwt a mynd drwy ddwy set o ddillad achos bod y babi wedi pw a pi dros bob man. O'n i mor smyg yn meddwl, cofia fod 'na dri deg mlynedd ers i ti'n magu ni!

. . ✤ ✦ ☆ ✦ ✤ . .

Ro'n i'n lwcus iawn i osgoi'r napi 'pw du' cyntaf afiach mae pawb yn eich rhybuddio amdano. Ro'n i mewn dipyn o boen y diwrnod ar ôl geni, ac yn cael trafferth codi o'r gwely. Dyma 'na fydwraig ofnadwy o glên yn cynnig golchi a newid y babi'r bore hwnnw, gan roi rhyw fath o wers i fi ar sut i newid napi. Nath hyn weithio'n reit dda achos hwn oedd y napi du!

. . ✤ ✦ ☆ ✦ ✤ . .

Gweld pw fformiwla drewllyd babi fy chwaer nath fy annog i i fwydo fy hun. O'n i 'di clywed bod y pw ddim hanner mor ddrwg wrth fwydo o'r fron. Pw sy'n fwy ffrwydrol a 'chydig amlach ella, ond ddim yn drewi hanner gymaint.

. . ✤ ✦ ☆ ✦ ✤ . .

Do'n i ddim yn disgwyl i'r pi fynd i bob man gymaint, ond dyna'r hwyl o gael bachgen! Pi-pi yn fy ngwyneb, dros ei wyneb ei hun – bob man!

. . ✤ ✦ ☆ ✦ ✤ . .

Dwi'n euog o gymharu maint pidlan fy mab efo un babis eraill a theimlo'n browd os ydi o'n fwy – 'di hynna'n od?!

Dwi'n cofio ffrind i fi'n licio tynnu'r napi ffwrdd pan oedd hi'n gwybod fod 'na bw ar y ffordd achos ei bod hi'n licio'i weld o'n dod allan!

· · ✤ ✦ ☆ ✦ ✤ · ·

Does 'na'm byd i'w gymharu efo'r pw 'dach chi'n ei gael ar ôl rhoi fformiwla arbennig i helpu efo colic. Mae o'n ofnadwy. Mae 'ngŵr i'n dal i allu ogla'r pw yna – hollol gyfoglyd! Odd o fatha *mousse* gwyrdd, trwchus. Y dyfyniad oedd, 'Well i fi fynd rŵan cyn i'r *algae shit* hitio'r ffan.'

· · ✤ ✦ ☆ ✦ ✤ · ·

Gafodd y mab gachiad anferth mewn lle softplay unwaith. 'Nes i symud y peli i guddio'r pw a'i heglu hi o 'na reit handi.

Cyngor newid clwt

① Daliwch eich gwynt.

② Gweithiwch yn gyflym.

③ Digon o Sudocrem.

④ Trïwch beidio cael dim byd o dan eich gwinedd.

⑤ Hogyn? Daliwch y bidlan lawr rhag ofn i chi gael llond llygad o bi-pi.

rhyw/
delwedd y corff

'Nes i roi lot o bwysau 'mlaen ar ôl i'r babi gyrraedd. Ro'n i'n teimlo fatha 'mod i'n llwgu o hyd, ac yn methu cael digon o bethau melys (sgen i ddim dant melys fel arfer). Fyswn i'n bwyta tra o'n i'n bwydo yn y nos hefyd, a dim snacs iach, oooo na, fflapjacs, siocled, caws ar dost – do'n i'm yn stopio! Cyn i fi droi rownd, ro'n i 'di rhoi ryw ddwy stôn 'mlaen. Unwaith ddes i at fy nghoed rywfaint, o'n i'n teimlo mor anghyfforddus yn cario'r pwysa ychwanegol yma. Roedd fy ngwyneb wedi chwyddo a doedd 'na'm byd yn ffitio'n iawn. Fyswn i'n licio bod yn un o'r bobl 'na sy'n gallu rhoi pwysau 'mlaen heb boeni gormod am y peth, achos dydi o ddim yn bwysig, nachdi? Ond ro'n i'n poeni, ac yn teimlo'n reit isel.

Er mor anodd oedd o, 'nes i benderfynu dechrau ymarfer corff a bwyta'n iachach. Mae hi'n broses mor ara deg, mae'n hawdd digalonni a meddwl – dydi hyn ddim yn gweithio, stwffia fo, pasiwch y gacen! Ond dwi mor falch 'mod i 'di dal ati, achos o fewn blwyddyn i gael y babi, ro'n i'n ffitio 'nôl i 'nillad gorau i gyd ac yn teimlo'n fwy fel fi fy hun. Dydi o'm yn hawdd o gwbwl, ond mae o werth o.

· · ✲ ✲ ☆ ✲ ✲ · ·

Oran delwedd y corff, dwi'n teimlo fod bwydo fy hun wedi'n helpu i i golli pwysa. Yr unig broblem sgen i rŵan ydi'r tits trwyn *seal* 'ma ers gorffen gneud. Afiach o betha.

· · ✲ ✲ ☆ ✲ ✲ · ·

Rhyw?! *AS IF.* Fedra i ddeud yn reit hyderus mai rhyw oedd y peth OLAF ar fy meddwl i ar ôl cael babi, yn *enwedig* ar ôl i'r fydwraig fy rhybuddio i mai dyma'r cyfnod 'dach chi hefyd fwya ffrwythlon. Dwi'n cofio'r tro cynta i ni gael rhyw – roedd o'n fwy o deimlad y dylwn i neud yn hytrach nag awydd gneud.

Dwi'n un ddrwg am weld bai arna i fy hun. Dwi'n paranoid 'mod i wedi rhoi lot o bwysau 'mlaen ers cael y babi a 'mod i'n cael fy meirniadu am y peth. Dwi'n teimlo cywilydd o'r ffordd dwi'n edrych, a sgenna i ddim esgus – fy mai i ydi o. Dwi wastad yn sylwi ar ferched eraill sy'n edrych yn anhygoel ac efo babis iengach na fi – sut maen nhw'n ei neud o?!

·· ✤ ✳ ✩ ✳ ✤ ··

Ro'n i'n lwcus iawn ac yn pwyso'r un fath bron yn syth ar ôl geni. Dwi'n siŵr fod bwydo o'r fron wedi helpu, dwi'n meddwl ei fod o'n llosgi pum can calori y dydd. O'n i'n hapus iawn efo fy nghorff, yn enwedig pan oedd y bŵbs yn llawn llefrith!

Dwi'n cofio teimlo'n reit horni yn yr wythnosau cyntaf. O'n i'n gwybod fod rhyw ddim ar y cardiau achos doedd fy nghorff i ddim yn barod, ond yn feddyliol ro'n i *well up for it!* Be oedd yn od oedd bod bwydo o'r fron, yn enwedig yn ystod y nos, yn gneud i fi deimlo'n *stimulated* – dwi'n gwybod fod hynny'n swnio mor rong! Ond dwi'n cofio nhw'n deud wrtha i yn yr ysbyty i edrych ar lun o fy merch wrth ecsbresio i helpu'r llaeth i ddod, ac o'n i'n meddwl fod hynny braidd yn *disturbing* hefyd – fel dyn yn edrych ar porn i gal wanc!

Do'n i ddim yn poeni am y boen o gael rhyw, ond y tro cyntaf i ni drio ryw chwech wythnos ar ôl geni, odd raid i ni stopio. Mae'r croen mor delicet ers cael pwythau, doedd o'm yn teimlo'n saff rywsut. Mae'n dal i allu bod yn sôr rŵan a mae 'na dros flwyddyn 'di mynd heibio. Mae'n rhaid i fi fod yn hollol *lubed up* neu mae o'n rili brifo! Y *scar tissue* sy'n achosi'r boen, dwi'n meddwl. Dwi'n cofio bod ofn beichiogi hefyd yn y misoedd cyntaf – ar y pryd, o'n i'n methu meddwl am ddim byd gwaeth.

·· ✤ ✳ ✩ ✳ ✤ ··

Dwi'n cofio'r rhyddhad o beidio gorfod gwisgo dillad ffrympi. Ath bob dim 'nôl i normal lot cynt na ro'n 'di ofni. Er, o'n i'n teimlo fatha crap achos doedd gen i'm yr egni i neud ymdrech efo gwallt a cholur am fisoedd. Yn y grwpiau i famau a babis, o'n i wastad yn teimlo fod y mamau eraill yn edrych yn ffresh i gymharu efo fi. Dwi'n cofio cyfarfod ffrind mewn caffi, ac oedd raid iddi bwyntio allan fod gen i chwd lawr fy nghefn i gyd.

Do'n i ddim yn gallu dychmygu cael rhyw tra 'mod i'n dal i fwydo. Am ryw reswm o'n i'n dychmygu colli llefrith yn ystod y peth, ac roedd hynny'n troi arna i! Y tro cynta i ni gael rhyw, dwi'n cofio bod yn ofnadwy o *tense* – 'nes i ddim mwynhau o gwbwl.

· · ✤ ✦ ☆ ✦ ✤ · ·

Rydan ni newydd symud y babi i'w stafell ei hun ar ôl bron i chwe mis – a dwi'n siŵr 'nes i weld y gŵr yn cynhyrfu y noson gynta efo jyst ni'n dau eto. Ond cuddio dan y cwilt 'nes i! Nath hi gymryd lot o amser cyn i ni drio, achos ro'n i'n poeni am y boen.

O ran y corff, dwi'n berson ffit sy'n mwynhau rhedeg a ballu, felly roedd rhaid i fi ddechrau rhedeg eto cyn gynted â phosib. 'Nes i lwyddo i ailgychwyn chwe wythnos ar ôl y geni, ac o'n i'n teimlo gymaint gwell ar ôl gneud. Dwi'n cofio teimlo fatha Julie Andrews yn y *Sound of Music* yn rhedeg drwy'r caea!

· · ✤ ✦ ☆ ✦ ✤ · ·

O ran rhyw, doedd o ddim yn teimlo fel y peth iawn i'w neud tra oedd hi yn yr un stafell â ni – dwi'n cofio meddwl, fysa chdi'n gallu cael dy arestio am hyn?! Y gwir ydi, mae'r dynion yn nacyrd hefyd, a does 'na'm pwynt fforsio'r peth.

· · ✤ ✦ ☆ ✦ ✤ · ·

'Nes i benderfynu 'mod i'n haeddu trît, felly es i gael fy ngwinedd wedi'u gwneud. Dyma'r ddynes yn chwerthin am fod gen i siocled dan fy ngwinedd. Do'n i heb fwyta siocled y diwrnod hwnnw ...

Fi'n dal i gasáu 'nghorff i. Ges i *stretch marks* hiwj ar fy mola. Es i drwy gyfnod o obsesiwn rhyfedd gyda chlipiau YouTube oedd yn rhannu tips coluro, a waries i ffortiwn ar bethau i'r croen a cholur, oedd ddim fel fi. Mwya o amser sy'n mynd heibio, lleia fi'n becso am y ffordd dwi'n edrych. Fi'n meddwl ei bod hi'n bwysig derbyn nad y'ch chi'n edrych fel o'ch chi pan o'ch chi'n ugain rhagor – mae pethau wedi newid.

· · ⚹ ✳ ☆ ✳ ⚹ · ·

Dwi'n dal i boeni 'mod i'm mor dynn ag o'n i, a bod rhyw ddim yn rhoi'r un faint o bleser ag oedd o i 'ngŵr i. Mae o'n fy nghysuro i mai nonsens llwyr 'di hyn.

· · ⚹ ✳ ☆ ✳ ⚹ · ·

Dwi'n ymwybodol iawn fod gen i graith ar ôl cael pwythau, a dwi'n ei deimlo fo'n tynnu fel fysa unrhyw *scar tissue* am wn i. Dwi'n dal ddim yn teimlo'n barod i drio cael rhyw. Dwi'n reit *gutted* 'mod i'n teimlo fel hyn achos dwi'n colli'r agosatrwydd corfforol yn ofnadwy. Dwi jyst yn meddwl fysa fo'n boenus ar hyn o bryd, achos nath o frifo pan 'nes i jyst drio defnyddio tampon. Dwi'n teimlo dros fy ngŵr, er nad ydi o'n rhoi pwysau arna i o gwbwl.

Dwi'n reit smyg o fod wedi colli'r pwysau babi heb orfod trio.'Nes i weithio'n galed i baratoi fy hun yn feddyliol i beidio poeni am sut ro'n i'n edrych ar ôl cael babi. O'n i 'di prynu lot o lipstics llachar a *nail varnish* gan feddwl fysa hynny'n gneud i fi deimlo'n well! Ro'n i hefyd wedi paratoi fy hun at gael bol afiach, fflopi a rincli ac wedi rhybuddio'r gŵr y byswn i'n edrych fel hen ddynes wedi colli pwysau, ond ro'n i mor lwcus nath bob dim sbringio 'nôl reit sydyn. Dwi'n cymryd mai bwydo o'r fron sydd wedi helpu, achos dwi'n bwyta'n dda. Dwi'n poeni 'na i chwyddo fatha balŵn ar ôl stopio!

· · ✤ ✹ ✫ ✹ ✤ · ·

Dwi ddim yn teimlo'n bod ni angen rhyw i deimlo'n agos achos mae'r agosatrwydd 'dan ni'n ei deimlo ers cael babi mor arbennig, mae hyd yn oed hyg yn y nos rŵan yn gallu bod yn ddigon, gan fod 'na gymaint o deimlad y tu ôl iddo fo.

Ro'n i mewn sioc fod gymaint o fola'n dal 'na ar ôl y geni. Nath fy mrawd ofyn oedd 'na un arall mewn 'na? *Charming!* Nath e ddim mynd am oesoedd.

Ges i a fy ngŵr ryw tua pythefnos ar ôl y geni. O'n i mor paranoid 'mod i 'di colli'r teimlad lawr fanna, a gan 'mod i wedi rhwygo ychydig wrth eni, o'n i wir yn poeni 'mod i wedi torri. Roedd e'n boenus, ond fi'n cofio llefen o ryddhad fod y teimlad yn dal yna a bod pethe'n dal i weithio. 'Nes i lefen bob tro wrth gael rhyw am tua chwe mis ar ôl cael y babi. Roedd e'n fy atgoffa i o'r geni, a ro'n i'n stryglan i ymlacio.

Fi ddim yn licio 'nghorff i ers i fi gael babi, ond sai'n becso taten chwaith. O'n i'n teimlo bod mwy o bwysau arna i i edrych yn weddol deidi gan 'mod i'n byw mewn dinas, achos chi byth yn gwybod pryd bydd rhywun yn galw draw. O'n i'n teimlo os o'n i'n llwyddo i edrych yn iawn, bydde pobl yn meddwl 'mod i'n ymdopi'n dda.

· · ⋆ ✳ ☆ ✳ ⋆ · ·

'Nes i ailddechrau ymarfer corff fis ar ôl geni. O'n i'n teimlo 'mod i angen gneud rhywbeth gan 'mod i'n bwyta gymaint o gacennau! Doedd o'm yn helpu fod 'na gymaint o gymdeithasu mewn caffis yn mynd 'mlaen, a ro'n i'n teimlo bod fy nghorff angen siwgr o hyd. O'n i'n siŵr fyswn i'n cael *stretch marks* ofnadwy am ryw reswm, ond diolch byth, ges i ddim. 'Nes i foddi fy hun mewn *bio-oil* bob dydd am naw mis, felly 'swn i wedi bod reit flin i gael rhai ar ôl yr holl ymdrech. Gan 'mod i 'di arfer cael bol reit fflat achos 'mod i'n ymarfer corff yn rheolaidd, roedd hi'n anodd arfer efo bol crwn, *squidgy* ar ôl cael babi – nath hi gymryd amser hir i fi deimlo'n normal eto.

O ran rhyw, dwi'n cofio ni'n trio bachu cyfle am *quickie* pan oedd y babi lawr grisiau yn y *jumperoo*, ond yn gorfod stopio pan nath o ddechra crio! Ers y geni, dwi 'di bod yn cael trafferth efo pobl yn fy nghyffwrdd – dwi'm yn gwybod pam, ond mae'r cyffyrddiad lleia weithia'n gallu troi'n stumog i. Mae'n mynd â fi'n ôl i'r enedigaeth a pa mor glostroffobig o'n i'n teimlo, dwi'n meddwl. 'Nes i 'rioed ddeud wrth fy mhartner, do'n i ddim isio brifo'i deimladau o.

Ges i'r syniad gwirion fod y bol am ddiflannu'n syth ar ôl i'r babi gyrraedd. Ro'n i'n reit siomedig pan nath o ddim. Dwi'n cofio teimlo'n reit isel yn y dyddiau cynnar yn meddwl fod fy nghorff byth am fynd yn ôl i'r siâp oedd o cynt. Mae hyn yn beth ofnadwy i'w gyfaddef, ond ro'n i'n anhapus am gael craith fawr ar draws y bol hefyd. Ro'n i'n teimlo 'mod i 'di gwario ffortiwn ar grîms i nadu *stretch marks*, ac yn y diwedd, yn hytrach na *stretch marks*, ges i graith hyll. Wrth i'r misoedd fynd heibio, aeth y bol yn ôl i lawr a gwella nath y graith, ac o ganlyniad, ro'n i lot hapusach.

⑩ ffordd mae'ch corff chi'n wahanol

① Mae'n well gennach chi gael bag mawr o Giant Buttons a phaned o de cry' na secs.

② Mae'ch *nipples* chi'n edrych fatha Wagon Wheels 'di pydru.

③ Colli gwallt.

④ Bol crempog sy'n dal i edrych fatha'ch bod chi'n disgwyl.

⑤ Poen cefn sy'n gwneud i chi deimlo fel dynes 90 oed.

⑥ Mae pi-pi yn eich nics yn rhywbeth 'dach chi'n ei wneud rŵan. *Deal with it.*

⑦ Bwyta chwe phowlen o Bran Flakes bob dydd achos eich bod chi mor rhwym.

⑧ *Piles* ('clwy'r marchogion' yn Gymraeg, *lolz*). Peidiwch â mynd ar Google Images.

⑨ Bŵbs llai. Mae hyn yn brifo os mai 'A' oeddach chi cynt.

⑩ Edrych 'di blino. O hyd.

emosiynau
boncyrs

'Nes i sbio ar y babi yn y dyddiau cyntaf a chrio wrth ei dychmygu hi'n cael ei bwlio yn yr ysgol uwchradd. 'Nes i hyd yn oed neud *mental note* i brynu dillad cŵl iddi cyn iddi fynd i Flwyddyn Saith!

Ar y ffordd adref o'r ysbyty naethon ni stopio i gael ffish a tships fatha trît, ac roeddan nhw'n hollol afiach. 'Nes i guddio'r siom achos do'n i ddim isio i'r gŵr feio'i hun (dwi'm yn siŵr pam, ddim fo nath y bwyd). Ar ôl cyrraedd adref, es i'n syth fyny grisia a beichio crio achos bod y bwyd mor afiach.

· · ✦ ✦ ☆ ✦ ✦ · ·

Roedd y bydwragedd wedi'n rhybuddio i y byddwn i'n debygol o lefen ar ôl tua pum diwrnod – a dwi'n ei gofio fe'n digwydd! Ro'n i'n eistedd ar y soffa'n gwylio *Songs of Praise* a 'nes i ddechre llefen yn gwrando ar y canu. Odd fy ngŵr ffaelu deall beth oedd yn bod! Do'n i ddim chwaith!

Ges i gyfnod o deimlo'n reit isel, a fi'n cofio'r ymwelydd iechyd yn holi o'n i'n teithio lot cyn cael babi, a holi pa mor gymdeithasol o'n i. Wedi meddwl, ro'n i mas rhyw bedair gwaith yr wythnos cyn cael y babi, ac yn teithio dipyn gyda gwaith.

Sylweddolodd hi a fi wedyn fod cael y babi wedi bod yn sioc anferth i fi, yn enwedig gan 'mod i 'di beichiogi mor glou hefyd. Roedd rhan fawr ohona i'n hiraethu am fy hen fywyd.

·· ✷ ✸ ☆ ✸ ✤ ··

Nath y *dreaded baby blues* daro ryw wythnos ar ôl cyrraedd adra. Dwi'n cofio bod yn ofnadwy o ddagreuol o hyd; ddim am unrhyw beth penodol, ond cymysgedd o fod wedi blino, yn dal mewn sioc yn dilyn yr enedigaeth a thrio gwella ar ôl y *C-section*. Dwi'n meddwl bod *cabin fever* yn ffactor hefyd, achos do'n i'm yn cael gyrru a do'n i heb fentro o'r tŷ. Y peth mwya *frustrating* oedd yr ymwelwyr yn deud 'mod i'n edrych 'di blino a chynnig y cyngor, 'Cysga pan mae'r babi'n cysgu!' Do'n i'm digon lwcus i gysgu pan oedd y babi'n cysgu yn y dyddiau cynnar, achos ro'n i'n rhy brysur yn poeni ei fod o'n dal i anadlu tra oedd o'n cysgu!

Y peth gorau ddigwyddodd i fi oedd ffrind yn fy mherswadio i fynd i un o'r grwpiau babis. Ar y pryd, y peth olaf ro'n i isio gneud oedd mynd i grŵp babi, ond ar ôl lot o berswâd, es i i un o'r sesiynau. Ges i'n siomi ar yr ochr orau. Ro'n i'n disgwyl grŵp o famau oedd yn gwybod y cwbwl ac yn edrych lawr eu trwynau ar famau amhrofiadol fel fi. Be ges i oedd grŵp o famau clên, gonest a di-lol. Roedd y grŵp yma'n donic i fi, achos 'nes i sylweddoli fod pawb yn mynd trwy brofiad reit debyg. Roeddan ni i gyd yn poeni yr un fath, a 'nes i sylweddoli 'mod i'n gneud joban iawn ohoni wedi'r cyfan.

·· ✤ ✸ ☆ ✸ ✤ ··

Ar ôl bod mor hapus a llawn egni, ges i gyfnod reit hir o deimlo'n fflat iawn. Dwi'n casáu'r termau 'iselder' a 'depression' achos maen nhw'n awgrymu eich bod yn drist am rywbeth. Do'n i ddim yn teimlo'n drist, do'n i'm yn teimlo lot o ddim byd. Ro'n i'n teimlo'n reit *numb* ac roedd tasgau

syml fel codi o'r gwely, cael cawod a gwisgo weithia'n teimlo fel mynydd
i'w ddringo. Dwi'n cofio teimlo'n rhy wan i roi potel i fy merch gan fod fy
mraich yn mynd i frifo. Roedd gen i gywilydd gofyn am help efo tasgau
mor syml, ond o edrych 'nôl, roedd angen yr help arna i. Dwi'n cofio poeni
'mod i wedi torri, ac mai fel hyn fyddwn i am byth – ond mae pethau'n
newid efo amser. Rhaid bod yn amyneddgar, ac eto, yn garedig efo chi'ch
hun. Dwi'n credu'n gryf fod rhannu gwendid yn arwydd o gryfder.

· · ✳ ✦ ✩ ✦ ✳ · ·

D wi'n meddwl 'mod i 'di crio bob dydd am y tair wythnos gyntaf. Odd
pob dim mor newydd – dwi'n meddwl 'mod i jyst yn *overwhelmed*
efo'r holl beth, ac roedd pob man yn brifo. Ro'n i hefyd yn gweld y
cyfrifoldeb o neud penderfyniadau am sut i edrych ar ôl y babi bach
newydd 'ma pan oedd genna i ddim clem yn ormod rili. 'Nes i 'rioed ddeud
wrth y fydwraig sut o'n i'n teimlo achos do'n i'm yn meddwl ei fod o'n
ddigon difrifol.

· · ✳ ✦ ✩ ✦ ✳ · ·

D wi ddim yn meddwl es i'n ddifrifol isel, er 'mod i'n crio ar ddim yn
ystod yr wythnosau cyntaf. Dwi'n cofio teimlo 'sa gen i dderbynneb
am y babi, 'swn i'n mynd â fo'n ôl i'r siop mewn eiliad.

· · ✳ ✦ ✩ ✦ ✳ · ·

Y cyfnod 'nes i weld anoddaf oedd pan oedd y babi tua phump i chwe
mis oed achos ro'n i 'di gweld y misoedd cyntaf mor hawdd. Unwaith i'r
bersonoliaeth ddechrau ffurfio, a'i bod hi'n dechrau talu mwy o sylw i'r byd,
ro'n i'n teimlo bod angen ei diddanu hi o hyd neu fysa hi jyst yn crio. Oedd o'n
gyfnod reit flinedig. Dwi'n cofio teimlo'n fflat reit aml, a meddwl bod yr holl
fusnes o fagu babi yn gallu bod mor ddiflas. Dwi'm yn meddwl fod neb yn

sylweddoli eu bod nhw wedi bod yn isel tan eu bod nhw'n teimlo'n well ac yn edrych 'nôl. Es i drwy gyfnod o beidio bod isio gadael y tŷ a dim amynedd i neud dim na gweld neb. Ond o edrych yn ôl, nath o ddim para'n rhy hir. 'Nes i droi cornel pan oedd hi tua blwydd oed – 'nes i ddechrau mwynhau bod yn fam lot mwy gan 'mod i'n cael gymaint mwy yn ôl ganddi erbyn hynny.

· · ✢ ✦ ⭐ ✢ ✦ · ·

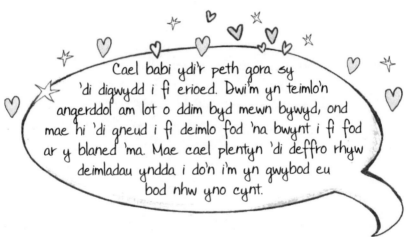

Cael babi ydi'r peth gora sy 'di digwydd i fi erioed. Dwi'm yn teimlo'n angerddol am lot o ddim byd mewn bywyd, ond mae hi 'di gneud i fi deimlo fod 'na bwynt i fi fod ar y blaned 'ma. Mae cael plentyn 'di deffro rhyw deimladau yndda i do'n i'm yn gwybod eu bod nhw yno cynt.

I fi, roedd bod yn onest am sut ro'n i'n teimlo efo ffrindiau agos a ffeindio nerth i adael y tŷ mor, mor bwysig. Weithia, ro'n i'n teimlo fel *shit* ac yn edrych fel *shit*, ond 'nes i ddal orfodi fy hun i fynd i wahanol grwpiau, a do'n i byth yn difaru mynd. Roedd 'na ddyddiau lle doedd gen i'm egni i frwsio fy ngwallt na fy nannedd, ond roedd cael paned a rant efo rhywun oedd yn yr un cwch yn donic bob tro.

· · ✢ ✦ ⭐ ✢ ✦ · ·

O'n i 'di mynd â'r mab i'r toiled i newid ei glwt – ac wedi defnyddio'r wipes i gyd cyn penderfynu 'mod i angen toiled hefyd. Sylweddoli ar ôl piso fod 'na ddim papur toiled. 'Nes i sychu 'mhen-ôl efo hosan chwith y babi.

Ers i'r *periods* ailddechrau, dwi'n teimlo fatha 'mod i'n ôl yn yr ysgol uwchradd o ran fy nghyflwr emosiynol. Ryw ddiwrnod neu ddau cyn dechrau gwaedu bob mis, dwi'n hollol sensitif ac yn gallu crio ar ddim.

· · ⁂ · ·

Dwi'n teimlo cywilydd weithia 'mod i wedi disgyn mcwn cariad a gwirioni gymaint efo'r babi, a 'mod i'n meddwl ei bod hi'n well ac yn dlysach nag unrhyw fabi arall. Dwi'n bendant yn teimlo pethau i'r byw yn fwy ers ei chael hi. Os dwi'n clywed am ryw salwch ar rywun, neu ffrind wedi colli rhywun, dwi'n teimlo drostyn nhw gymaint yn fwy. Mae'r reddf i warchod beth sy gen i a'i werthfawrogi fo gymaint yn gryfach hefyd.

Ro'n i'n gallu bod yn ofnadwy o groendenau a gorsensitif ar y dechrau. Fysa pobl yn deud rhywbeth a fyswn i'n ymateb yn hollol dros ben llestri. Ar y pryd, ro'n i'n gwybod 'mod i'n afresymol, ond dyna sut ro'n i'n teimlo. Fysa'r sylwadau lleiaf yn fy mrifo i'r byw.

· · ⁂ · ·

R o'n i'n teimlo bod neb rili'n gofyn o'n i'n isel, oedd yn rhoi mwy o bwysau arna i i beidio cyfadde 'mod i. Unwaith 'nes i ddechre siarad am sut o'n i'n teimlo am yr enedigaeth efo fy ngŵr a fy rhieni, 'nes i deimlo gymaint gwell.

· · ✦ ✦ ☆ ✦ ✦ · ·

D wi'n cofio torri 'nghalon ar ôl bod wrthi am oes yn gneud batsh o frocoli a thatws, a'i flendio fo a rhannu'r gymysgedd i mewn i botiau plastic i'w rhewi, a wedyn y babi'n gwrthod ei fwyta. Gath hi'r *meltdown* mwya erioed. Ddim 'mod i'n gallu gweld bai arni – odd y stwff yn afiach!

· · ✦ ✦ ☆ ✦ ✦ · ·

W eithia dwi'n teimlo fod gormod o ganolbwyntio ar y negyddol – ond ar yr un pryd mae canolbwyntio ar y positifs yn gallu gneud i chi deimlo fel methiant hefyd. Mae petha fel Facebook/Twitter/Snapchat mor beryg yn rhoi'r argraff fod rhieni eraill yn gweld yr holl broses yn un hawdd, hapus. Dwi'n ei neud o fy hun – rhannu fideos doniol neu luniau ciwt a meddwl dim am y peth. Ella'n bod ni'n ddrwg am jest rhannu'r pethau da ar Facebook yn lle rhannu ychydig o'r crap. Mae rhywun yn cael cysur mawr o wybod bod pobl eraill yn stryglo hefyd weithia. Drwy rannu'r drwg, buan iawn 'dach chi'n medru chwerthin am beth bynnag oedd 'di gneud i chi grio ar ddiwrnod anodd.

· · ✦ ✦ ☆ ✦ ✦ · ·

Mae clywed y babi'n chwerthin yn 'y ngneud i mor hapus, dim bwys sut fŵd dwi ynddo fo – tonic llwyr.

⑩ peth rydach chi'n debygol o'u teimlo

① Ofnadwy o flin – PAM FOD SÊT Y TOILET I FYNY ... ETO?!

② Ofnadwy o hapus – 'DAN NI'N DEULU BACH PERFFAITH!

③ Ofnadwy o flinedig – PLIS GA I GYSGU AM FLWYDDYN?

④ Ofnadwy o gynhyrfus – MAE BYWYD AM FOD YN GYMAINT O HWYL!

⑤ Ofnadwy o boncyrs – PAM DWI 'DI GWISGO FEL CLOWN HEDDIW?

⑥ Ofnadwy o *stressed* – DWI DDWY AWR YN HWYR! CLWT BUDUR ARALL?!

⑦ Ofnadwy o emosiynol – PAM DWI'N CRIO'N GWYLIO HYSBYSEBION?

⑧ Ofnadwy o bigog – DYDI'R BABI *DDIM* YN OER, IAWN?!

⑨ Ofnadwy o *hard done by* – TYPICAL BOD HYN YN DIGWYDD I FI!

⑩ Afresymol a dramatig (gweler uchod).

dymis

Dwi'n caru'r dymi, ac wedi ei garu o'r cychwyn cyntaf. Nath o ddim achosi dim trafferth i fi wrth fwydo o'r fron. Dwi'n licio'r ffordd maen nhw'n tawelu'r babi yn syth, ac yn gadael iddo gysuro'i hun. 'Nes i ddeud fyswn i'n cael gwared o'r dymi pan oedd hi'n flwydd, ond mae o'n dal ganddi ac mae hi bron yn ddwy. Dwi angen y dymi yn fy mywyd a dwi ddim am deimlo'n euog am y peth.

Do'n i heb fwriadu defnyddio dymi achos yr holl stigma ei fod o'n ffordd ddiog o fynd o gwmpas pethau. Mae o bron mor ddrwg â smocio mewn llefydd cyhoeddus i rai, dydi? Dwi'm yn poeni be mae pobl yn feddwl erbyn hyn, ond dwi yn poeni weithia ei bod hi'n enjoio'i dymi 'chydig bach gormod. Dwi'n gwybod bod y fam yng nghyfraith ddim yn ffan o'r dymi, ond tyff!

Dwi'n gneud yn siŵr bod 'na tua chwech dymi yn y cot fel ei bod hi byth heb un ganol nos. Dwi 'di clywed pobl yn beirniadu rhieni sy'n defnyddio dymi a meddwl, *shit*, 'na i ddim deud wrth rhein 'mod i'n rhoi dymi i 'mabi fi!

· ·✤ ✦☆✦ ✤· ·

Fi'n ffan o'r dymi gant y cant! 'Nes i gyrraedd y pwynt lle ro'n i'n meddwl, os ti'n dod i sugno'n bŵb i eto ma fe'n mynd i ddisgyn off; 'co'r dymi – haleliwia! Y peth gore erioed. Unweth oedd hi'n ddigon hen i ddeall, naethon ni ddweud wrthi fod y tylwyth teg yn dod i nôl ei dymis hi i gyd, ac roedd hi'n hollol *fine* am y peth. Mae *dummy shaming* yn 'y ngwneud i mor grac – pan chi'n gweld faint mae'r dymi'n gallu setlo a distewi babi neu blentyn bach, beth sy'n gomon am 'na?! Ac mae'r ddadl am edrych ar ôl y dannedd yn un sili, achos mae pob plentyn yn galler sugno'i fawd a gewch chi fwy o job tynnu hwnna oddi arno fe! Fi'n casáu pobl feirniadol.

Fi'n cofio mynd â'r babi ar awyren am y tro cyntaf pan oedd hi'n flwydd oed, a hithe'n cerdded drwy *Security* a dymi yn ei cheg, ac aelod o'r staff yn edrych arni a dweud, 'Why do you have that disgusting thing in your mouth?' O'n i mor agos i shyfo'r dymi ble doedd yr haul ddim yn sheino!

· ·✤ ✦☆✦ ✤· ·

Dymi ôl ddy wê! Pam ddim, 'de? Sugno 'di un o'r petha cynta mae babis yn gwybod sut i'w neud. Felly os 'dio'n rhoi cysur, be 'di'r broblem? *Soothers* maen nhw'n eu galw nhw'n America. *'Nuff said.*

· ·✤ ✦☆✦ ✤· ·

Dwi'n cofio dal y babi'n uchel uwch fy mhen, wedyn dod â hi lawr at fy ngwyneb am sws. Be do'n i ddim yn disgwyl oedd cael llond ceg o chwd cynnes chwerw. Neis.

'Nes i stryglo am chwe wythnos heb roi dymi i'r babi achos bod y bydwragedd wedi siarad am y peth mor negyddol, a sôn sut maen nhw'n gallu rhoi dannedd cam i blant. Odd Mam hefyd yn erbyn dymi, felly dwi'n cofio cuddio'r dymi pan o'n i'n mynd i'w tŷ nhw. Ond dwi'n cofio bod isio chwerthin a theimlo'n reit smyg pan o'n i'n siopa yn Home Bargains, a'r babi'n sgrechian dros y lle a Mam yn ffwndro ac yn holi lle o'n i'n cadw'r dymi! Dwi'n difaru gymaint peidio rhoi'r dymi iddi'n gynt, achos be oedd yn digwydd oedd ei bod hi'n defnyddio fi fel dymi i'w chysuro – rhywbeth sydd wedi aros efo hi, gan mai dyna nath hi am yr wythnosau cyntaf yna.

· · ✴ ✳ ☆ ✳ ✴ · ·

Ro'n i'n un o'r mamau yna oedd yn edrych lawr ar y dymi ac yn benderfynol o beidio'i ddefnyddio. Do'n i heb brynu dymis, felly 'nes i orfod gofyn yn garedig i'r fam yng nghyfraith nôl rhai ar ôl i'r babi gael noson reit aflonydd pan oedd hi tua mis oed. Nath hi wrthod y dymi am hir, ond unwaith nath hi ddallt sut i'w ddefnyddio fo (ar ôl i fi ei ddal o yn ei cheg hi am ddeg munud da) roedd o'n rhoi gymaint o gysur iddi. Dwi'n dal reit strict ac yn gwrthod rhoi dymi iddi os dwi neu'r gŵr yn ei chysuro. 'Mond os 'di hi'n crio neu i'w helpu i fynd i gysgu mae hi'n ei gael o.

$$\cdots \maltese \; \maltese \; \bigstar \; \maltese \; \maltese \cdots$$

'Nes i drio 'ngora i roi dymi i'r babi, ond nath o 'rioed gymryd ato fo. Fi oedd yr unig un o fy ffrindiau oedd ddim yn teimlo math o stigma dymi, ond nath o ddim gweithio i fi – typical! Be dwi 'di'i weld ymysg ffrindiau ydi, er eu bod nhw rili ddim isio rhoi dymi ar y dechrau, eu bod nhw a'r babis wrth eu bodd efo nhw ar ôl gneud y penderfyniad i'w defnyddio.

Sychwr gwallt ydi'r dymi yn tŷ ni. Oedd o'n mynd yn wyllt rywbryd a dim byd yn gweithio, a 'nes i sylwi ei fod o'n tawelu ar ôl i fi ddechrau sychu 'ngwallt. Ar ôl hyn 'nes i sylwi ei fod o'n gweithio bob tro, a dallt bod lot o fabis yn licio *white noise*, a bod yna lwyth o fideos ar YouTube. Dwi rŵan 'di darganfod Ap anhygoel – mae o fel majic! Unwaith mae'n clywed y sŵn, mae'n mynd i gysgu. Be sy'n well ydi gallu gosod amser, sy'n golygu bod y sŵn 'mlaen am tua deg munud, wedyn yn diffodd ei hun, ac mae'r meicroffon wedyn yn ymateb i unrhyw sŵn crio drwy ailgychwyn am ddeg munud arall. Ond dwi braidd rhy ddibynnol arno fo – hwn ydi'n *fail* mwya i.

$$\cdots \maltese \; \maltese \; \bigstar \; \maltese \; \maltese \cdots$$

'Nes i ddim rhoi dymi i'r babi achos doedd hi 'mond yn crio pan oedd hi isio bwyd; fel arall roedd hi'n fabi distaw iawn. Doedd o ddim yn benderfyniad bwriadol i beidio rhoi un, doeddan ni jyst ddim angen un. Tasa genna fi fabi swnllyd, fyswn i'n bendant yn rhoi dymi, sgenna i ddim problem efo'r peth. Dwi'n dod ar draws lot o famau sy'n rili amddiffynnol am yr holl beth – yn teimlo'u bod nhw'n gorfod cyfiawnhau pam maen nhw'n defnyddio dymi. Dwi'n teimlo 'mod i wastad yn gorfod pwysleisio fod gen i ddim byd yn erbyn dymis i beidio ypsetio neb!

· · ✳ ✴ ☆ ✴ ✳ · ·

Bob nos cyn i fi roi'r babi yn ei chot, 'dan ni'n cofleidio am ryw bum munud dda. Yn aml, fydd 'na ddagrau yn fy llygaid achos 'mod i'n teimlo mor hapus a bodlon. Mae hi'n gafael yn dynn rownd fy ngwddw a dwi jyst yn gwrando arni'n anadlu. Does yna ddim byd gwell.

Ro'n i'n eitha penderfynol cyn i'r babi gyrraedd 'mod i ddim am
ddefnyddio dymi. Wrth i'r *due date* ddod yn nes, mewn moment wan
'nes i brynu set o ddymis i'w cadw yn y tŷ rhag ofn. Bron i fi eu llechio
allan fwy nag unwaith cyn mynd i'r ysbyty. Dwi'n cofio dod â'r babi adra,
a phawb yn trio setlo am y noson ar ôl y ffid olaf. Doedd y babi ddim yn
hapus o gwbwl yn y fasged – roedd o'n sgrechian crio. Aeth fy ngŵr i nôl
y dymi, ond gwrthod 'nes i, a rhoi pregeth iddo fo i beidio bod mor wan a
throi at y dymi'n syth. Awr neu ddwy wedyn, a'r babi'n dal ddim yn setlo,
ddoth y dymi allan, a gath pawb gwpwl o oriau o gwsg. Mae'r dymi wedi
bod yn ffrind da iawn i ni ers hynny!

O'n i wir ddim eisie rhoi dymi iddo fe, a 'nes i ddim am y tri neu
bedwar mis cyntaf – camgymeriad mwyaf fy mywyd! Roedd hi
fel moment haleliwia pan roies i'r dymi iddo fe am y tro cyntaf – nath e
jyst ei setlo a'i dawelu fe'n syth. Ma fe 'di'i helpu fe gyment 'da'r cysgu.
Yr anfantais yw ei fod e bron yn ddwy nawr, ac yn hollol ddibynnol ar
y dymi i gysgu. Ma fe yn ei geg e drwy'r nos, ac mae'n amhosib ei gael e
mas. Fi'n becso 'bach, ond fi wir yn meddwl fydden i wedi colli'r plot heb y
dymi ('na i egluro hyn iddo fe pan fydd e angen bres ar ei ddannedd).

O blaid ac yn erbyn dymis

Yn erbyn

- Gallu achosi *infections* yn y clustiau.
- *Nipple confusion* os ydi'r babi'n bwydo o'r fron.
- Problemau wrth i ddannedd ddechrau tyfu.
- Amharu ar gyflymder/parodrwydd y plentyn i ddechrau siarad.
- Edrych yn hyll.

O blaid

- Cau ceg y babi.

derbyn help

Dwi'n dysgu'n ara bach sut i beidio teimlo'n euog am rannu'r baich weithia, ac mae o'n deimlad braf. Er enghraifft, os dwi'n aros efo Mam a Dad a'u bod nhw'n cynnig mynd â hi am dro/ei rhoi yn y gwely/ rhoi swper iddi – dwi'n derbyn yn ddiolchgar, rhoi fy nhraed i fyny a mwynhau gwastraffu amser yn gneud dim byd.

· · ✦ ✹ ☆ ✹ ✦ · ·

Ro'n i'n fwy na hapus i adael i unrhyw un olchi dillad, cwcan bwyd neu lanhau'r tŷ i fi. *Happy days.* Ro'n i moyn edrych ar ôl y babi fy hunan, felly roedd unrhyw un oedd yn cynnig gwneud hynny'n fwy o niwsans nag o help.

· · ✦ ✹ ☆ ✹ ✦ · ·

Dwi'n berson reit annibynnol ac yn 'chydig o control ffrîc, deud y gwir, felly mae'n well genna fi yrru 'mlaen heb help. Fi 'di'r fam, a fi sy'n gwybod beth sydd orau i fy mhlentyn. Wedi deud hynny, fyswn i byth yn stopio neb llnau'r tŷ chwaith! Ges i drafferth efo'r fam yng nghyfraith. Roedd hi'n galw heibio bob dydd am y tri mis cyntaf – roedd hynny'n waith caled ac yn *intense*. Fysa hi byth yn cnocio, ac aros am o leia awr bob tro.

· · ✢ ✦ ☆ ✦ ✢ · ·

Dwi'n teimlo gymaint dros famau sengl, achos ges i gymaint o help gan deulu, ffrindiau a 'ngŵr. Do'n i ddim yn teimlo'n euog nac yn cael unrhyw drafferth derbyn help, achos o'n i wir yn teimlo 'mod i ei angen o. Er hynny, roedd hi'n anodd gneud y mwya o'r help weithia. Dwi'n cofio fy mam yng nghyfraith yn mynd â'r babi am dro er mwyn i fi gael llonydd, ond o'n i'n methu ymlacio o gwbwl tan oedd hi 'nôl yn saff. Yr help mwya, dwi'n meddwl, fysa ymwelwyr yn dod â bwyd efo nhw.

· · ✢ ✦ ☆ ✦ ✢ · ·

Y broblem efo fi ydi 'mod i ofn gofyn am help. Dwi'n teimlo'n ddrwg yn gofyn i rywun warchod os oes genna i'm rheswm da – fel mynd i briodas. Fyswn i wrth fy modd 'sa 'na rywun yn mynd â'r babi o'r tŷ am gwpwl o oriau i fi gael gyrru 'mlaen efo gwahanol bethau. Dwi'n ei chael hi'n anodd ymlacio adref erbyn hyn, dwi wastad yn teimlo'n *switched on* pan mae hi o gwmpas.

· · ✢ ✦ ☆ ✦ ✢ · ·

Roeddan ni'n ddiolchgar iawn am yr help ar y dechrau. Ond wrth i'r wythnosau fynd heibio ac i'n hyder ni dyfu, roedd hi'n anoddach derbyn help, yn enwedig gan y fam yng nghyfraith – *back the frick off*!

· · ✢ ✦ ☆ ✦ ✢ · ·

Unwaith, tra oedden ni'n nhŷ Mam a Dad, naethon ni fanteisio ar y cyfle i gael quickie fyny grisia tra oedd Nain a Taid yn brysur efo'r babi. Ddaethon ni lawr grisia'n reit smyg, nes i ni sylweddoli fod y baby monitor ymlaen.

Ro'n i lot mwy parod i dderbyn help Mam na fy mam yng nghyfraith. Dwi'n meddwl bod 'na bwynt yn dod i bob mam newydd lle mae'r fam yng nghyfraith am fynd ar ei nerfau 'chydig bach, er mai trio helpu mae hi. Mae rhywun yn cymryd beirniadaeth yn well gan ei mam ei hun na gan ei mam yng nghyfraith. Neu'n hapusach i ddadlau ac ateb 'nôl! Mae unrhyw sylw gan dy fam yng nghyfraith yn gallu teimlo fel beirniadaeth. Yr help gora ges i oedd Mam yn gneud llwyth o fwyd a'i rewi o cyn i'r babi gyrraedd. Roedd y prydau yna'n *godsend*.

Roedd derbyn help yn rili anodd ar y dechre. Ddim efo'r babi, ond efo gwaith tŷ. Ro'n i'n teimlo'n euog yn gwylio pobl eraill yn glanhau tra o'n i'n ei nyrsio hi. Dwi'n gwybod ddylwn i fod wedi gwerthfawrogi'r help a'i fwynhau o, ond o'n i'n methu helpu'r ffordd ro'n i'n teimlo. Fyswn i 'di licio gweld y teulu'n ymlacio a mwynhau'r babi'n fwy yn lle teimlo fod rhaid iddyn nhw wneud rhywbeth ymarferol o hyd.

. . ✤ ✲ ☆ ✲ ✤ . .

Ges i lot o help yn yr wythnosau cynnar. Roedd Mam acw bob dydd yn helpu efo'r magu, gneud paneidiau te a helpu hefo'r golchi a ballu. Roedd y gŵr yn dda hefyd, yn rhannu'r gwaith o newid napis a bwydo. Does na'm gwobr am neud bob dim eich hun – mae derbyn help yn gneud bywyd dipyn haws mewn cyfnod sy'n gallu bod yn anodd. Fydda i'n ddiolchgar i Mam am byth am y gefnogaeth ges i ganddi yn yr wythnosau cyntaf.

. . ✤ ✲ ☆ ✲ ✤ . .

Dwi wastad yn teimlo 'mod i angen brêc, ac yn edrych ymlaen at fynd i ffwrdd am noson neu ddwy efo'r gŵr; ond pan mae'r amser yn dod, 'dan ni'n treulio hydoedd yn edrych ar luniau a fideos ohoni ac yn gweld ei heisiau hi'n ofnadwy. Mae'r gafael sy ganddi arna ni yn boncyrs.

Ma 'na ran reit fawr ohona i'n control ffrîc – dwi isio'i magu hi, a dwi ddim isio rhannu'r dasg efo neb. Er 'mod i wir angen ac awydd brêc ar adegau, dwi'n ei chael hi'n anodd iawn rhoi'r rheolaeth yna i rywun arall. Dwi 'di cael ambell i ffrae efo'r gŵr gan 'mod i'n teimlo mai fi bia hi, a mae o'n gorfod fy atgoffa i fod ganddo fo hawl i'w farn fel tad hefyd. Un peth dwi'n hapus i bobl ei neud i helpu ydi gneud bwyd i fi! Y peth ola dwi isio gorfod poeni amdano fo ydi be gawn ni i swper. Sgenna i ddim 'mynedd na diddordeb mewn coginio pan dwi 'di blino. Gewch chi gynnig paned i fi unrhyw bryd hefyd!

· · ✦ ✶ ☆ ✶ ✦ · ·

O'n i'n arfer mynd yn grac pan oedd pawb yn mynnu 'mod i'n mynd am nap pan o'n i rili ddim moyn un. O'n i moyn bod gyda fy mabi, 'na beth oedd yn teimlo'n fwyaf naturiol yn yr wythnosau cyntaf, er gwaetha'r blinder. Fi'n cofio Mam yn newid dillad y gwely i fi, oedd yn job o'n i'n dredo, ac o'n i mor ddiolchgar. Pethau bach ymarferol sy'n gymaint o help i famau newydd. Dim gofyn, dim ffysian, jyst gwneud yn dawel.

Rhywbeth arall helpodd fi'n ofnadw oedd clywed Mam yn fy nghanmol i am sut oeddwn i'n ymdopi 'da'r babi. Roedd e'n gymaint o hwb, gan 'mod i'n reit ansicr ohonof fy hun ar y pryd.

· · ✦ ✶ ☆ ✶ ✦ · ·

Y ⑩ peth mwyaf defnyddiol all pobl eu gwneud i helpu

① Bwyd.

② Peidio ffysian.

③ Glanhau.

④ Bwyd.

⑤ Bwyd.

⑥ Mynd â'r babi am dro.

⑦ Glanhau.

⑧ Peidio lleisio barn am DDIM BYD.

⑨ Bwyd.

⑩ Mwy o fwyd.

ymwelwyr

Ges i un ymwelydd yn y dyddiau cynnar nath aros am dros bedair awr. O'n i'n methu credu'r peth! Doedd hi ddim yn ffrind agos chwaith. Roedd hynny'n gymaint o waith caled ar ôl noson arall ddi-gwsg – cynnal sgwrs efo hi a trio edrych ar ôl y babi'r un pryd, a chuddio faint o boen ro'n i ynddi. Ddylwn i fod wedi dweud rhywbeth, ond do'n i'm yn gwybod sut i neud heb fod yn ddigywilydd. Plis peidiwch â mynd i weld rhywun sydd newydd gael babi heb gysylltu'n gyntaf, nac aros yn rhy hir.

Ddoth 'na anti draw'r noson ar ôl i fi ddod adra, ac o edrych 'nôl oedd hynna'n lot rhy gynnar i fod yn meddwl am ymwelwyr. O'n i'n dal mewn gymaint o *daze* ac mor flinedig. Dwi'n cofio meddwl pa mor neis oedd pawb yn edrych ar y dechrau hefyd, gan 'mod i'n teimlo fel crap fy hun, felly doedd o ddim yn helpu!

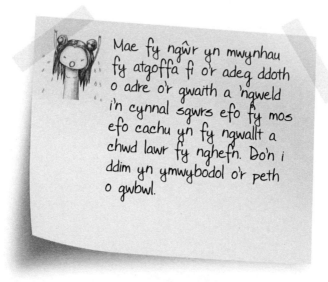

Mae fy ngŵr yn mwynhau fy atgoffa fi o'r adeg ddoth o adre o'r gwaith a 'ngweld i'n cynnal sgwrs efo fy mos efo cachu yn fy ngwallt a chwd lawr fy nghefn. Do'n i ddim yn ymwybodol o'r peth o gwbwl.

Dwi'n ei gweld hi'n anodd pan mae'r babi'n crio efo pobl, yn aelodau o'r teulu neu'n ffrindiau, achos dwi wastad yn cael y teimlad eu bod nhw'n disgwyl i fi ei gysuro fo, ond dwi ddim isio cael fy ngweld fel mam ffyslyd chwaith. Weithia, dwi'n cael yr argraff eu bod nhw'n meddwl 'mod i jyst ddim yn poeni, ac mae hynny'n beth annifyr.

Roedd fy mam yng nghyfraith draw bob dydd ar y dechrau. Do'n i ddim yn meindio hynny gymaint, ond be do'n i ddim yn licio oedd y bysa hi'n dal i aros o gwmpas pan fysa'n ffrindia agos i'n galw am y tro cyntaf. O'n i wir isio bod ar ben fy hun efo nhw. Be sy hefyd yn anodd ydi ei bod hi byth yn cysylltu cyn dod.

· · ⚹ ✴ ☆ ✴ ⚹ · ·

Gafon ni deulu dy'n ni byth yn eu gweld yn troi lan y diwrnod ar ôl i ni gyrraedd adref o'r ysbyty. Dim rhybudd, dim tecst, dim byd. O'n i 'di cael noson ddi-gwsg, ac o'n i yn fy mhajamas efo tywel ar fy mhen pan ddaeth cnoc ar y drws. O'n i mor grac! Es i lan staer at fy ngŵr oedd yn y gawod a dweud pa mor *ridiculous* oedd hyn – a fi'n siŵr wnaethon nhw glywed, achos byth ers hynny maen nhw wedi bod yn ddigon oeraidd 'da fi!

· · ⚹ ✴ ☆ ✴ ⚹ · ·

Fi'n caru cwtsho. Odd pawb wastad yn dweud wrtho i ei rhoi hi lawr neu bydde hi'n arfer cysgu arna i, ond fi mor falch 'nes i ddim gwrando, achos dyna rai o'n atgofion hapusa i, cwtsho fy merch fach am faint bynnag o amser ro'n i moyn. Does dim yn fwy naturiol yn y byd na mam yn cwtsho'i phlentyn.

Ddoth 'na bobl o'r pentre i 'ngweld i'r bore ar ôl i fi ddod adref o'r ysbyty. Do'n i ddim yn eu nabod nhw cystal â hynny chwaith! 'Nes i ddysgu tric reit handi i gael gwared o bobl: deud 'mod i angen bwydo'r babi a dechrau agor fy nghrys – fysa pobl fel arfer yn diflannu reit gyflym wedyn.

· · ✣ ✤ ☆ ✤ ✣ · ·

Roedd trio amseru ymwelwyr yn arfer achosi stres. Ro'n i'n cael trafferth efo'r busnes bwydo, ac roedd well gen i gael llonydd i neud hyn heb ymwelwyr. Ro'n i'n teimlo'n ddrwg fod pawb 'di ecseitio dros ei chyfarfod, a'i bod hi'n crio efo pawb. Hefyd, dwi'n cofio teimlo'n reit paranoid am be oedd pobl yn ei feddwl o'n tŷ ni.

· · ✣ ✤ ☆ ✤ ✣ · ·

Ges i un cnoc ar y drws a rhywun yn sefyll yna'n wên i gyd efo presant, a doedd genna i ddim clem pwy oedden nhw! Lletchwith. Do'n i wir ddim yn meindio, achos ro'n i mor browd o'r babi ac yn mwynhau ei dangos hi i bobl. Ro'n i hefyd wastad yn gneud hanner ymdrech i edrych yn weddol barchus. Dwi'm yn licio aros mewn pajamas drwy'r dydd achos mae'n gneud i fi deimlo 'mod i yn y *zone* anghywir.

Nath 'na lot ddeud wrtha i am beidio gadael i ormod o bobl ddod i'n gweld ni ar y dechrau, ond roedd ganddon ni amserlen ar un pwynt efo hyd at dri grŵp o ymwelwyr yn ddyddiol. Mae'r atgofion sydd gen i o'r cyfnod yma yn rhai hapus iawn; ro'n i'n *buzz*-ian yn gweld pawb. Er, dwi'n eitha siŵr fod fy ngŵr wedi cael llond bol ar neud paneidiau i'r byd a'i wraig.

· · ✣ ✤ ☆ ✤ ✣ · ·

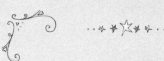

⑩ peth ddylai ymwelwyr byth eu dweud / gofyn

① Ti'n bwydo dy hun?

② Sut mae'r babi'n cysgu?

③ Ti'n edrych 'di blino.

④ Wyt ti am wisgo heddiw?

⑤ Mae'n siŵr ei bod hi fel diwrnod Dolig bob dydd yma rŵan!

⑥ Does 'na'm brys i golli'r pwysau, cofia.

⑦ Wyt ti wedi trio …?

⑧ Ga i baned arall plis?

⑨ Ti 'di meddwl cael rhywun i lanhau i ti?

⑩ Pam fod o'n crio gymaint?

eich perthynas

Ystraen fwya sy 'di bod ar ein perthynas ni, dwi'n meddwl, ydi ei bod hi'n anodd weithia i 'ngŵr ddallt fod bod adre efo babi drwy'r dydd yn waith, ac yn waith blinedig. Ddim ei fod o wastad yn waith caled, ond mae bod efo plentyn drwy'r dydd yn gallu bod reit unig a diflas ar adegau. Gan fod na'm gymaint o fwlch rhwng dynion a merched o ran byd gwaith a diddordebau erbyn hyn, mae'n gallu teimlo'n annheg mai ar y fam mae'r prif gyfrifoldeb o aros gartref efo'r babi. Ro'n i'n gweld isio fy rhyddid ac yn teimlo'n reit gaeth i'r tŷ weithia. Erbyn hyn dwi'n well am gadw'n brysur, ac yn cynllunio i wneud pethau penodol bob dydd.

· · ✳ ✳ ☆ ✳ ✳ · ·

Dwi'n meddwl bod unrhyw un sy'n cael babi i achub perthynas 'chydig yn wallgo, achos dwi 'rioed di bicro gymaint efo fy ngŵr o'r blaen.

· · ✳ ✳ ☆ ✳ ✳ · ·

Un o'r pethau sy'n fy ngneud i hapusaf ydi gweld fy ngŵr efo'r babi. Dwi'n licio gwrando arno fo dros y monitor i weld be mae o'n ddeud wrthi. Dwi mor falch o'r

155

cysylltiad sy rhyngddyn nhw. Un peth dwi'n poeni amdano weithia ydi ei fod o'n teimlo 'mod i wedi mynd yn berson diflas, heb egni nac awydd i fynd allan. Mae o'n dal isio gneud yn union yr un pethau ag oedden ni'n eu gneud cyn cael babi, a dwi jyst ddim.

· ·⋆ ⋆✮⋆ ⋆· ·

Yr hyn sy'n hala fi i wherthin yw cyn lleied ti'n becso am rannu rhai pethe gyda dy ŵr. Pethe fel gofyn iddo fe gael pip lawr fanna i weld sut mae'r pwythau'n edrych, neu weiddi arno fe i edrych ar glot o waed o'n i wedi'i basio i ni benderfynu ddylen ni ffonio doctor neu beidio!

Cyn i ni gael y babi, odd y gŵr a fi wedi bod yn cynnal perthynas o bell ers blynydde, a nath e ddim symud i Gaerdydd yn iawn tan gwpwl o fisoedd cyn i ni ei chael hi. O'n i'n byw bywyd sengl, fwy neu lai. Felly roedd 'na lot o newid dramatig yr un pryd. Odd lot o bwysau arnon ni, a bydden ni'n cwmpo mas am bethe sili fel golchi dillad.

Fi'n meddwl mai'r broblem yw na neith e byth ddeall sut fi'n teimlo go iawn. Fi sy gwastod yn teimlo'n euog ac yn becso am bethe, a dyw e byth. Mae'r *emotional baggage* sy gan fenywod, ar ben eu gyrfa, yn drwm iawn. Ma fe wastod yn dishgwl i fi wybod pethe fel ble mae ei phajamas hi pan wy 'di bod yn gweithio drwy'r dydd fel fe. Mae hwnna'n rhoi straen ar adegau, y teimlad mai fi sy'n gyfrifol am lot o bethe'n ymwneud â'r babi. Mae'n amhosib bodloni anghenion mam lawn-amser a gweithio'n llawn amser hefyd.

Pan o'n i off ar famolaeth, 'nes i rili joio cael yr amser i lanhau'r tŷ a chadw trefn ar bethe fel golchi dillad, a pharatoi swper i 'ngŵr erbyn fydde fe'n dod gatre. Y broblem oedd, oedd e'n disgwyl i 'na i gyd gario 'mlaen unweth o'n i 'nôl yn y gwaith.

· ·⋆ ⋆✮⋆ ⋆· ·

Fi'n cofio becso bydde 'ngŵr i'n caru'n babi ni mwy na ma fe'n fy ngharu i, ond nawr bod hi 'ma, wy'n ei garu fe hyd yn oed yn fwy, gan 'mod i'n gweld faint ma fe'n ei charu hi.

Mae'n rhwystredig iawn peidio gallu gneud petha heb drefnu o flaen llaw achos patrwm y babi. Petha bach fel mynd am goffi a darllen y papur mewn heddwch, jyst ni'n dau, sy'n amhosib ar hyn o bryd. Mae'n anodd gneud amser i fod yn rhamantus. Roeddan ni'n arfer snyglo ar y soffa am oriau'n gwylio ffilmiau, ond rŵan 'dan ni yn y gwely cyn deg yn barod am y noson o'n blaenau.

· · ✦ ✱ ☆ ✱ ✦ · ·

Roedd fy mhartner wedi gwirioni'n lân! Ar y dechrau, roedd o'n actio'n debycach i'r fam newydd na fi pan fysa 'na bobl yn dod i'n gweld ni. Fyswn i'n clirio a gneud paneidiau tra oedd o'n gorwedd ar y soffa efo'r babi yn ei freichiau.

· · ✦ ✱ ☆ ✱ ✦ · ·

Dwi'n teimlo fod y gŵr yn mynd yn erbyn be bynnag dwi'n ddeud weithia jyst er mwyn gneud. Dwi'm yn meddwl ei fod o'n licio'r ffaith 'mod i'n licio gneud bob dim ffordd fy hun, felly mae o'n tynnu'n groes. Dwi'n ei chael hi'n anodd os dwi 'di gweithio'n galed i sefydlu rwtîn cysgu, a wedyn neith o jyst adael iddo fo gysgu arno fo pan dwi ddim yna. Mae'r ffaith ei fod o'n gweithio yn fy erbyn i'n ychwanegu gymaint mwy o stres at y sefyllfa. Weithia 'na i ymddiheuro ar ôl ffrae, jyst i neud petha'n haws.

·· ✤ ⚹ ☆ ⚹ ✤ ··

F'i'n cofio llefen, yn noeth, tra o'n i'n trio cael pw, ac edrych ar fy ngŵr a meddwl, dyw e ddim angen fy ngweld i fel hyn! Mae'n perthynas ni'n bendant yn gryfach nawr, fi'n teimlo'n bod ni'n dîm. Achos bod popeth mor anodd, chi'n gwneud beth bynnag chi'n gallu i helpu'ch gilydd. Mae fel 'sech chi'n wynebu'r her 'ma o fagu'ch plentyn 'da'ch gilydd, a ma fe'n bendant wedi gwneud ein bond ni'n gryfach.

Naethon ni wastraffu lot o fy nghyfnod mamolaeth i'n cymharu a beirniadu ein gilydd – o'n i'n genfigennus ohono fe'n mynd i'r gwaith, ac roedd e'n genfigennus ohona i'n aros gartref. Roedd y ddau ohonon ni am y gorau i ddangos i'r llall mai ni oedd yn ei chael hi waethaf. Roedd hyn yn wast o amser llwyr, achos mae *pros* a *cons* i'r ddwy sefyllfa. Doedd gweld bai ar ein gilydd fel 'na'n gwneud dim lles i'n perthynas ni, ac roedd e'n creu lot o egni negyddol.

·· ✤ ⚹ ☆ ⚹ ✤ ··

Er bod y chwe mis diwethaf wedi bod yn un *blur* bendigedig, fedra i'm dychmygu ein bywydau heb y babi rŵan. Ac er bod fy mherthynas efo 'ngŵr yn gryf cyn cael y babi, mae'r bond sydd gennym ers creu rhywbeth mor berffaith hefo'n gilydd yn anhygoel.

Mae mor bwysig i beidio siarad am y babi o hyd. Mae'n hawdd disgyn i batrwm o siarad am ddim byd arall – ond yn amlwg roedd 'na sgwrs yna cynt, felly ma gennach chi fwy i'w drafod na chlytiau a napis. Mae'n gallu bod yn ddiflas ac ailadroddus ofnadwy. 'Nes i wylltio efo fo'r diwrnod o'r blaen ar ôl iddo fo ddeud, 'Dwi'n meddwl ddylan ni ddechra rhoi afal i'r babi rŵan yn lle *rice cakes*', ac o'n i'n meddwl – beth sy 'di digwydd i ni?!

· · ✣ ✦ ☆ ✦ ✣ · ·

Ships passing in the night oedd ein perthynas ni ar y cychwyn – un yn gneud y shifft nos tra oedd y llall yn dal fyny hefo cwsg, a newid drosodd yn ystod y dydd. Ar yr amseroedd prin lle roeddan ni'n cael amser i ni'n hunain, roeddan ni 'di blino gymaint 'mond cysgu oeddan ni isio'i neud. Roeddan ni'n gallu bod reit flin efo'n gilydd hefyd. Mae mor bwysig trefnu pethau i'w gneud hefo'ch partner er mwyn cadw'r berthynas i fynd ac i deimlo fel cwpwl eto. Mae pethau'n dod dipyn haws ar ôl y tri mis cyntaf.

· · ✣ ✦ ☆ ✦ ✣ · ·

Dwi'n meddwl bod y ddau ohonan ni'n teimlo'n reit smyg ein bod ni wedi creu babi mor dda! Dydi'n perthynas ni heb newid lot, deud y gwir. 'Dan ni'n sensitif i anghenion ein gilydd, ac yn dda am weithio fel tîm. Roedd hynny'n bwysig iawn i fi o'r cychwyn – fod y ddau ohonan ni'n gneud penderfyniadau efo'n gilydd. Er hyn, fi sy wastad yn dewis be mae hi'n wisgo!

· · ✣ ✦ ☆ ✦ ✣ · ·

Tips i bartneriaid:
10 ffordd i gadw'ch perthynas yn fyw yn y misoedd cyntaf

1. Cytunwch efo hi am bob dim.

2. Rhowch hyg iddi er ei bod hi'n edrych (ac yn arogli) fel person digartref.

3. Rhedwch fàth bybls iddi (pwyntiau bonws am gynnau canhwyllau).

4. Coginiwch swper heb ofyn. Hyd yn oed os mai bîns ar dost ydi o. Eto.

5. Paneidiau *on tap* efo Kit Kats (pedwar bys).

Peidiwch â meiddio dweud ...

1. Be wyt ti 'di bod yn neud drwy'r dydd? Mae'r lle 'ma fatha tip.

2. Be sy i swper?

3. Dwi 'di blino'n ofnadwy.

4. Faint neith hi gymryd i'r bol fynd, ti'n meddwl?

5. Ti am gael cawod a gwisgo heddiw?

gweithio
v.
aros gartref

Dwi'n hanner meddwl 'na i fwynhau'r ochr ymarferol o fynd 'nôl i'r gwaith, ond yr un pryd, dwi'n teimlo'n euog yn meddwl am ei gadael hi. Mae 'na adegau 'di bod pan dwi 'di meddwl, fyswn i wrth fy modd yn mynd 'nôl i'r gwaith rŵan i gael 'chydig o normalrwydd a rwtîn, ond dwi'n siŵr fydd o'n anodd hefyd.

. . ✻ ✳ ☆ ✳ ✻ . .

Er do'n i'm isio i'r cyfnod mamolaeth orffen, a fyswn i 'di rhoi'r byd i beidio gorfod mynd 'nôl i weithio, yn y pen draw, dwi'n meddwl ei fod o 'di gneud lles i'r ddau ohonon ni. Mae o'n cael profiadau gwerthfawr efo Nain a Taid ac yn y feithrinfa'n cymysgu hefo plant eraill; tra dwi 'di mwynhau mynd 'nôl i rwtîn, gwthio fy mrên mewn ffordd wahanol a chymdeithasu hefo oedolion eraill. Er hyn, dwi'n gweld gweithio'n llawn amser yn anodd. Mewn byd delfrydol, fyswn i'n gweithio'n rhan amser i gael y gorau o'r ddau fyd.

. . ✻ ✳ ☆ ✳ ✻ . .

Cyn cael babi, o'n i'n *career-minded* iawn ac wrth fy modd efo fy swydd. Ges i sioc yn gweld y teimladau yma'n newid yn ystod fy nghyfnod mamolaeth, a dewis mynd yn ôl i weithio am ddau ddiwrnod yr wythnos 'nes i'n y diwedd. Erbyn hyn, fedra i ddim dychmygu gorfod gweithio'n llawn amser, neu bedwar diwrnod yr wythnos, a cholli'r cyfle i fwynhau gymaint o fagwraeth y babi – fysa fo'n torri 'nghalon i. Fedrwch chi ddim rhoi pris ar wylio'ch plentyn yn tyfu a datblygu. Er hyn, dwi angen gweithio achos dwi'n mwynhau cael fy mhres fy hun a'r teimlad o fod yn annibynnol ac edrych ar ôl fy hun. Dwi ddim yn gyfforddus iawn efo'r syniad o ddibynnu ar fy ngŵr am bethau.

. . ✻ ✳ ☆ ✳ ✻ . .

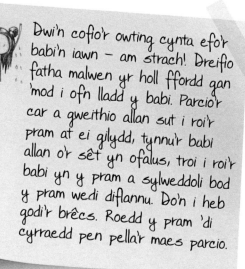

Dwi'n cofio'r owting cynta efo'r babi'n iawn – am strach! Dreiflo fatha malwen yr holl ffordd gan 'mod i ofn lladd y babi. Parcio'r car a gweithio allan sut i roi'r pram at ei gilydd, tynnu'r babi allan o'r sêt yn ofalus, troi i roi'r babi yn y pram a sylweddoli bod y pram wedi diflannu. Do'n i heb godi'r brêcs. Roedd y pram 'di cyrraedd pen pella'r maes parcio.

Gan mai fi sy'n ennill y mwya o bres yn tŷ ni, es i'n ôl i weithio ar ôl pump wythnos. Doedd 'na neb yn gallu credu 'mod i'n mynd 'nôl mor fuan, ond y gwir oedd ro'n i'n falch o gael dianc. Ro'n i'n gadael y mab efo'i dad drwy'r dydd, a doedd hynny ddim yn fy ypsetio o gwbwl. Pum mis yn ddiweddarach ac mae pethau 'di newid. Dwi 'di dod i garu fy mhlentyn gymaint, nath o jyst gymryd 'chydig o amser i fi. Dwi rŵan wedi penderfynu gweithio'n rhan amser i fi allu mwynhau mwy o amser efo fo.

· · ✳ ✲ ☆ ✲ ✳ · ·

Gan 'mod i'n gweithio i fi fy hun, dwi'n lwcus iawn 'mod i ddim yn gorfod gweithio'n llawn amser. Dwi'n cydymdeimlo'n ofnadwy efo mamau sy'n gorfod mynd 'nôl i'r gwaith yn llawn amser am resymau ariannol. Eto, dwi'm yn nabod 'run fam sy'n hollol hapus efo'r balans gwaith/cartref sydd ganddi. Mae'r euogrwydd yna eto be bynnag 'di'r sefyllfa. Yn bersonol, dwi wrth fy modd yn gweithio dau neu dri diwrnod yr wythnos ac yn ei weld o fatha brêc o fod yn fam 24/7. I fi, mae'n gneud lles mawr, a dwi hyd yn oed yn mwynhau pan mae gwaith yn mynd â fi oddi cartref am noson! Dwi wastad yn dod adref yn teimlo 'mod i wedi rhoi 'chydig o *charge* i'r batris, ac atgoffa'n hun pwy ydw i.

· · ✤ ✦ ☆ ✦ ✤ · ·

Dwi'n teimlo pwysa i ffonio neu decstio yn ystod y dydd i weld sut mae o, i ddangos 'mod i'n poeni. Er, fydda i'n gneud lot mwy o ymdrech i gysylltu pan mai'r fam yng nghyfraith sy'n gwarchod – fyswn i'm isio iddi hi feddwl 'mod i 'di anghofio am fy mab! Dwi'm yn poeni gymaint be mae Mam yn feddwl!

O'n i wastad yn gwybod fyswn i'n mynd 'nôl i weithio, doedd aros adref byth yn opsiwn. 'Nes i ddechra teimlo'n lot mwy call ar ôl mynd 'nôl i weithio a chael rhywbeth arall i feddwl amdano, yn lle jyst meddwl am y babi o hyd. Er hyn, roedd y poen meddwl wrth i'r cyfnod mamolaeth ddod i ben yn hollol afiach. Es i 'nôl i weithio dri diwrnod ar y dechrau ar ôl naw mis o fod adref. Ro'n i'n reit brysur yn syth ac yn ei gweld hi'n anodd cyflawni'r gwaith o fewn y tri diwrnod, oedd yn reit *stressful*.

· · ✤ ✦ ☆ ✦ ✤ · ·

Mae'r croeso dwi'n ei gael ganddi pan dwi'n dod adre o rywle, neu'n ei nôl hi o'r feithrinfa, yn arbennig – mae'n gneud i fi sylweddoli mai fi ydi ei mam hi, a pha mor bwysig ydw i yn ei byd bach hi.

Ar y dechrau, gan 'mod i'n dal i fwydo fy hun, fysa'r bŵbs yn brifo yn ystod y dydd. Fyswn i'n cyrraedd adref yn barod i'w fwydo fo, ond weithia 'sa fo'm isio bwyd a 'sa rhaid i fi ecsbresio, oedd yn gallu bod yn broses hir a phoenus. Dwi hefyd yn cofio gorfod ecsbresio yn y gwaith, oedd yn gymaint o gywilydd achos bod y peiriant mor swnllyd.

Dwi'n falch 'mod i'n gweithio rŵan, achos mae'n golygu bod yr amser dwi'n ei dreulio efo'r babi gymaint mwy gwerthfawr. Mae'r penwythnos hefyd yn teimlo fel trît yn hytrach na jyst diwrnod arall. Y peth anoddaf am weithio ydi gweld y babi'n gwirioni mwy o weld Mam na mae o o 'ngweld i. Mae'r croeso mae hi'n ei gael ganddo'n fwy na'r croeso dwi'n ei gael pan dwi'n cyrraedd adref, ac mae hynny'n gallu brifo.

· · ✤ ✳ ☆ ✳ ✤ · ·

Yprif beth dwi'n ei fwynhau am weithio ydi 'mod i'n gwybod be dwi'n neud. Dwi'n hyderus wrth fy ngwaith, felly dwi ddim yn mynd yn rhy *stressed*. Dwi'n poeni am fagu'r babi lot mwy, achos dwi'm yn gwybod be ddiawl dwi'n neud, yn y bôn. Fyswn i wrth fy modd petai 'na ffasiwn beth â llyfr cyfarwyddiadau ar gyfer y babi! Es i 'nôl i weithio pan oedd hi'n un ar ddeg mis oed, bedwar diwrnod yr wythnos. Er 'mod i wedi gweithio fy hun i fyny dipyn cyn mynd 'nôl, dwi'n hapusach rŵan 'mod i'n gweithio. Dwi'n licio rwtîn. Dwi hefyd wrth fy modd efo'r teimlad 'mod i'n berson arall yn y gwaith.

· · ✤ ✳ ☆ ✳ ✤ · ·

Dwi'n meddwl fydda i'n hollol *fine* yn mynd 'nôl, a dwi'n eitha edrych 'mlaen, deud y gwir. Gan 'mod i'n berson gwaith, gwaith, gwaith cynt, dwi'm yn gweld fy hun yn peidio mynd 'nôl. Dwi'n meddwl fydda i'n teimlo'n euog am fod yn hollol iawn yn y gwaith, gan fod y rhan fwya o famau'n ei gweld hi'n anodd bod oddi wrth y babi. Dwi'n gwybod bod magu babi yn sialens, ond mae'n sialens o fath gwahanol, dydi? Dydi gneud *purée* ddim yn fy stretsio i'n feddyliol, a weithia dwi angen cal fy ngwthio mewn ffordd fwy heriol. Dyna pam dwi'n gwybod 'na i fwynhau mynd 'nôl i'r gwaith.

· · ✤ ✦ ☆ ✦ ✤ · ·

Yr hyn sy'n anodd yw fod Mam o genhedlaeth lle dyw hi jyst ffaelu cael ei phen rownd y ffaith 'mod i'n gweithio'n llawn amser. Ma ddi ffaelu deall sut 'mod i'n hapus i ddod gytre jyst cyn chwech a bod y babi'n mynd i'r gwely o gwmpas saith. Fi wastad yn teimlo'n euog am hyn.

Nath cael babi newid fy agwedd i yn y gwaith er gwell. Roedd 'da fi fwy o gyts achos bod persbectif newydd 'da fi ar fywyd, lle o'n i'n gwybod bydden i'n hapus hyd yn oed petai pethe ddim yn gweithio mas yn y gwaith. Mae mwy wedi digwydd yn fy ngyrfa i yn y flwyddyn ddiwethaf, ac i'r babi mae'r diolch. Yn ddelfrydol, bydden i'n lico gweithio un diwrnod yn llai. Fi'n siŵr bydda i'n teimlo'n llai euog unwaith bydd hi'n dechrau yn yr ysgol, a ges i flwyddyn gyfan o famolaeth – dwi'n teimlo'n lwcus am hynny. Pam dyle mamau deimlo'n euog am weithio a'r tadau ddim?

· · ✤ ✦ ☆ ✦ ✤ · ·

Dwi'n meddwl am fynd 'nôl i weithio o hyd ers rhyw bythefnos ac mae o'n fy mhoeni i'n ofnadwy. Dwi ddim isio gweithio'n llawn amser, ond 'dan ni angen y pres. Dwi wrth fy modd ac yn gwirioni ar y cyfnod mamolaeth yma, ond dwi hefyd yn poeni y bysa 'myd i'n gallu culhau ormod 'swn i'm yn gweithio o gwbwl. Dwi isio mwy o betha i sôn amdanyn nhw na babis!

· · ✤ ✦ ☆ ✦ ✤ · ·

Dwi 'di gweld mynd yn ôl i weithio'n ofnadwy o anodd, er, dwi'n mwynhau mynd i'r toilet ar ben fy hun! Tri diwrnod dwi'n gweithio ar hyn o bryd, a dwi'n casáu ei gadael hi. Mae gweithio'n bendant yn haws mewn lot o ffyrdd, ond dydi'r ffarwelio yn y bore byth yn dod yn haws. Mae'n teimlo mor annaturiol bod hebddi.

Fi'n teimlo'n reit euog am faint wy'n gweithio, a dyw e ddim yn helpu pan mae Mam yn gweud pethe fel, 'Odd e'n gofyn am Mami lot heddiw', mewn rhyw lais bach trist a beirniadol. Ma fe'n gwneud i fi deimlo'n reit anghyfforddus fod pobl eraill yn magu'r babi'n fwy na fi. Ond y peth yw, fydden i'n methu bod yn fam lawn-amser chwaith. Mae gweithio'n teimlo fel brêc i fi, a fi'n dod 'nôl yn llawn egni newydd ac yn teimlo fel fi eto. Tasen i 'dag e bob dydd, bydde fe fel, 'co ni off 'to, *groundhog day*, a fydden i ddim yn mwynhau bod yn fam gyment. Fi hefyd yn lico 'mod i'n *role model* sy'n dangos bod merched a dynion yn gydradd, ac mai nid jyst y tad sy'n gweithio o fewn teulu.

Aros gartref v. mynd i'r gwaith

Gartref

1. Dim eiliad o lonydd – plis ga i gynulleidfa tra dwi'n cachu?

2. Gwylio gymaint o *Cyw* nes bod y *theme tunes* yn sownd ar dy frên.

3. Snot, dribl, chwd (a 'chydig o pw) ar dy jîns.

4. Ydi dilyn plentyn *hyper* rownd y tŷ'n gamp Olympaidd? Ddyla fo fod.

5. Sŵn crio + swnian cyffredinol = cur pen mwya'r byd.

Gwaith

1. Y teimlad afiach o euogrwydd o fod ar wahân i'r babi.

2. Ecsbresio yn y toilet amser cinio.

3. Canolbwyntio ar waith ar lai na thair awr o gwsg.

4. Bŵbs anferth, poenus, sy'n gollwng.

5. Cael pobl yn eich holi'n dwll am y babi sy jyst yn gwaethygu'r pwynt cyntaf.

Fyswn i'n bendant yn gneud fy *pelvic floor exercises* tra 'mod i'n feichiog.

· · ✦ ✹ ☆✹ ✦ · ·

Trio peidio bod mor *tense* yn ystod yr enedigaeth – nath hyn yn bendant neud y profiad lot anoddach nag oedd angen iddo fod.

· · ✦ ✹ ☆✹ ✦ · ·

Gwasgu'r botwm yn amlach yn yr ysbyty – a pheidio bod ofn deud yn union sut dwi'n teimlo a be dwi angen.

· · ✦ ✹ ☆✹ ✦ · ·

Fyswn i'n bendant ddim yn gadael i fy mam yng nghyfraith ddod i aros yn yr wythnos gyntaf! Deud y gwir, dim ymwelwyr o gwbwl am gwpwl o wythnosau i roi amser i ni fod yn deulu a dod i arfer efo'n babi newydd.

· · ✦ ✹ ☆✹ ✦ · ·

Fyswn i'n llai *anal* o ran bwydo fy hun – yn barod i roi fformiwla weithia er mwyn cael mwy o ryddid yn y misoedd cyntaf. Ro'n i'n rhoi lot gormod o bwysa arnaf fy hun i ecsbresio digon o lefrith iddi pryd bynnag oedd angen, yn lle troi at fformiwla.

· · ✦ ✹ ☆✹ ✦ · ·

I fi'n bersonol, y ffocws mwya fysa cysgu yn yr wythnosau cyntaf er mwyn cryfhau. Hyd yn oed os neith hyn olygu 'mod i'n methu bwydo o'r fron, dwi 'di sylweddoli pa mor bwysig 'di rhoi fy iechyd fy hun gyntaf, neu fydda i ddim gwerth i neb. Yn amlwg, fysa hyn yn golygu derbyn lot o help ar y cychwyn, ond fyswn i'n licio peidio teimlo'n ddrwg am y peth.

· · ✦ ✹ ☆✹ ✦ · ·

Peidio teimlo dim pwysau i aros yn y lŵp yn gymdeithasol – geith y byd a phawb aros nes 'mod i'n barod.

· · ✤ ✲ ☆ ✲ ✤ · ·

Peidio poeni gymaint am gael bob dim yn barod cyn i'r babi gyrraedd. Mae 'na siopau ar agor bob dydd sy'n gwerthu bob dim fysa unrhyw fabi ei angen (heb sôn am y we!). Does na'm angen panicio!

· · ✤ ✲ ☆ ✲ ✤ · ·

Fyswn i'n rhoi dymi o'r dechrau – o edrych 'nôl dwi'n meddwl 'sa'r babi 'di cysgu'n well 'sa fo'n gallu cysuro'i hun.

· · ✤ ✲ ☆ ✲ ✤ · ·

Fyswn i'n gneud mwy o ymdrech i fwyta'n iach ar y dechrau. Dwi'n cofio cael bîns ar dost efo caws ac wy 'di ffrio ar 'i ben o – A BYRGYR AR YR OCHR! Pwy sy'n cael *side dish* o fyrgyr?! Dydi'n ffrindia i'n dal heb adael i fi anghofio am honna ...

· · ✤ ✲ ☆ ✲ ✤ · ·

Fyswn i'm yn gwastraffu egni prin yn teimlo'n euog am betha. Os 'dach chi'n llwyddo i gadw'ch hun a'r babi'n fyw, 'dach chi'm yn gneud yn rhy ddrwg.

Fyswn i'm yn rhoi pwysau arna i'n hun i fynd "nôl i normal' yn rhy sydyn. Does 'na ddim brys i fynd allan i feddwi ac i wisgo'ch hoff ddillad – eith bob dim 'nôl i sut oedd o, a ddeith yr awydd i fynd allan i gymdeithasu yn ôl. Cyfnod byr iawn o'n bywydau fyddwn ni wedi'i dreulio'n magu babis, wrth edrych 'nôl.

· · ✤ ✲ ☆ ✲ ✤ · ·

Fyswn i'n trio peidio dechra habits drwg fel gorwedd wrth y cot yn gafael yn llaw'r babi nes iddo ddisgyn i gysgu! Yn y diwedd, naethon ni adael i'r babi grio ac o fewn pedair noson roedd o'n gallu setlo'i hun. Doedd o ddim yn brofiad neis gwrando ar y crio ond do'n i ddim yn medru cario 'mlaen fel o'n i!

· · ✤ ✳ ☆ ✳ ✤ · ·

Chwarae'r un darn o gerddoriaeth i'r babi bob nos cyn ei roi yn y fasged/cot fel ei fod yn deall ei bod yn amser gwely. Unweth ddechreues i wneud hyn, nath e helpu gyment 'da'r rwtîn.

· · ✤ ✳ ☆ ✳ ✤ · ·

Trio peidio â bod yn gymaint o *psycho bitch* isio cadw trefn a rwtîn.

· · ✤ ✳ ☆ ✳ ✤ · ·

Prynu sling ar gyfer y babi er mwyn i fi ddal i allu gneud pethau.

· · ✤ ✳ ☆ ✳ ✤ · ·

Fydden i ddim yn brysio i gael rhyw tro nesa, dim ond amser sydd ei angen ar bethe.

· · ✤ ✳ ☆ ✳ ✤ · ·

Ei roi o'n ei stafell ei hun lot cynt; mae o bron yn flwydd ac yn dal i fod yn yr un stafell â ni.

· · ✤ ✳ ☆ ✳ ✤ · ·

Ro'n i'n teimlo dipyn o bwysau i baratoi bwyd fy hun gan fod y rhan fwyaf o fy ffrindiau i'n gneud – ond mae'n gymaint gwell ganddi'r *pouches* a'r jariau, ac yn amlwg maen nhw gymaint haws! Fyswn i'm yn rhoi gymaint o bwysau arna i'n hun y tro nesa.

· · ⁕ ✻ ☆ ✻ ⁕ · ·

Trio peidio cymharu ei ddatblygiad hefo datblygiad plant eraill o gwmpas yr un oed.

· · ⁕ ✻ ☆ ✻ ⁕ · ·

Cofio bod yna bobl efo hanner ein *brain cells* a lot llai o synnwyr cyffredin yn llwyddo i fagu plant iach a bodlon, felly stopio gorfeddwl a gorboeni.

· · ⁕ ✻ ☆ ✻ ⁕ · ·

Derbyn bod y mis cyntaf yn *write-off*! Jyst *live it, survive it*!

· · ⁕ ✻ ☆ ✻ ⁕ · ·

Sylweddoli fod diwrnod drwg ddim yn ddiwedd y byd.

· · ⁕ ✻ ☆ ✻ ⁕ · ·

Peidio bod yn gymaint o control ffrîc. Dwi'n cofio gwneud pethau'n wahanol i'r hyn oedd fy mam wedi'i awgrymu jyst er mwyn tynnu'n groes, sy'n hurt. Ro'n i isie dangos mai fi oedd ei fam e a neb arall, ac mai fi oedd yn cael dewis sut i'w fagu e. Roedd angen i fi *chill*-o mas!

· · ⁕ ✻ ☆ ✻ ⁕ · ·

Rhannu problemau a phrofiadau 'da mamau eraill – dy'ch chi byth ar eich pen eich hunan!

· · ⁕ ✻ ☆ ✻ ⁕ · ·

Mae'n dod â gymaint o hapusrwydd i ni, a 'dan ni'n aml yn meddwl pa mor ddiflas oedd ein bywyd ni cynt.

'Na i fyth anghofio gweld y babi'n gwenu arnaf i am y tro cyntaf.

Mae bod yn fam wedi rhoi bob dim mewn persbectif i fi. Dwi'n meddwl bob dydd pa mor lwcus ydw i. Mae o jyst yn nyts gweld y person bach 'ma ti 'di'i greu yn gneud yr holl betha anhygoel yma – sydd ddim rili yn anhygoel, ond ti'n methu helpu teimlo'n browd o'r petha lleia maen nhw'n neud.

Diolchiadau

Diolch o waelod calon i bob un o'r mamau gyfrannodd mor onest i'r gyfrol. Yn syml, chi bia'r llyfr yma; oni bai amdanoch chi, fysa'r gyfrol ddim yn bodoli. 'Nes i wir fwynhau pigo brêns pob un ohonoch chi. Mae cael bwrw bol efo mamau sydd ar *wavelength* tebyg i fi bob amser yn donic. Fyswn i ar goll heb fy ffrindiau – rydach chi'n meddwl y byd i fi. Ddown ni drwy'r reid boncyrs yma efo'n gilydd.

Diolch i Wasg Gomer am roi eu ffydd ynof i ac am ddod â'r syniad yn fyw. Dwi wedi cael y fraint o weithio efo genod cryf, creadigol, llawn egni sydd wedi bod yn hwb enfawr i fi roi trefn ar y gyfrol. Chwaeroliaeth ar ei gorau eto! Diolch i Luned Wheelan, Elinor Wyn Reynolds a Mari Emlyn.

Diolch hefyd i'r arlunydd, Bethan Mai, am ei gwaith celf bendigedig. Rwyt ti wedi ychwanegu gymaint at y gyfrol. Dwi'n ei chael hi'n anodd cyfleu mewn geiriau pa mor hapus ydw i efo dy waith.

Dwi wedi bod mor lwcus o 'nheulu wrth i fi drio ffeindio 'nhraed fel mam. Diolch am bob dim wnaethoch chi drosta i. Dwi'n teimlo fod y ddwy *super-nain* yn haeddu mensh arbennig. Pe bai 'na ffasiwn beth â chynghrair *fantasy football* ar gyfer teuluoedd, byddai'r ddwy yma'n cael eu dewis bob tro! Gewch chi job dod o hyd i ddwy nain efo injans cystal â'r rhain! Rydan ni'n eithriadol o lwcus ohonyn nhw.

Dwi am orffen drwy ddiolch i fy nheulu bach i, y peth sy'n rhoi'r mwyaf o falchder i fi yn y byd. Betsan ac Iwan, diolch am fy ngwneud i'n well person, ac am ddod â chymaint o hapsurwydd efo chi. Ed, diolch am dy gefnogaeth, dy amynedd a dy gariad.

Drwy gachu a chwd fe godwn
Yn uwch na'r hyn yr oeddem ynghynt – yn gyflawn.

Fflur Medi